ZIQUXING
CHENGZHANG

自驱型成长

吴学刚◎编著

民主与建设出版社

·北京·

图书在版编目（CIP）数据

自驱型成长/吴学刚编著 . —北京：民主与建设
出版社，2021.7（2022.9 重印）
ISBN 978 – 7 – 5139 – 3439 – 8

Ⅰ. ①自… Ⅱ. ①吴… Ⅲ. ①自律 – 家庭教育 Ⅳ.
①G78

中国版本图书馆 CIP 数据核字（2021）第 129837 号

自驱型成长

ZIQUXING CHENGZHANG

编　著	吴学刚	
责任编辑	王　倩	
封面设计	周　飞	
出版发行	民主与建设出版社有限责任公司	
电　话	（010）59417747 59419778	
社　址	北京市海淀区西三环中路 10 号望海楼 E 座 7 层	
邮　编	100142	
印　刷	三河市刚利印务有限公司	
版　次	2021 年 7 月第 1 版	
印　次	2022 年 9 月第 2 次印刷	
开　本	880 毫米 ×1230 毫米　1/32	
印　张	6	
字　数	114 千字	
书　号	ISBN 978 – 7 – 5139 – 3439 – 8	
定　价	35.00 元	

注：如有印、装质量问题，请与出版社联系。

前言

孩子在家上网课需要父母盯，写作业需要父母监督，练钢琴、学跳舞、下围棋等都需要父母陪，甚至和朋友玩耍也需要父母在旁边保护……"孩子不主动怎么办"已经成为广大父母迫切需要解决的关键问题。

当下的社会中，诸如"不让孩子输在起跑线上""从小就要抓紧对孩子的教育"等的教育宣传大行其道，而且孩子的父母也将这种教育理念奉为圭臬。这样一来，不仅是父母对孩子的教育和发展充满焦虑，孩子自身也更为焦虑。面对父母的步步紧逼，孩子有可能陷入不能自拔的紧张之中。面对这样的不良环境，父母虽然想方设法去解决，但实际效果却不佳。

那么，面对这样的教育困境，父母就真的没有办法了，只能束手无策了吗？答案是否定的，唤醒孩子的自驱力，就是解决这一难题的根本方法。

一个没有自驱力的孩子，不管父母提供多么好的外部条件，终究无法成就自己的幸福人生。

家庭教育其实是一门艺术，没有标准的配方，需要父母根据孩子的特点进行创意。由于不同阶段的孩子对父母有着不同的要求，所以，父母的角色必须是动态的，父母需要不断地提升自我。作为父母，我们必须拿出爱心和耐心，帮助、等待孩子找到自我，培养孩子的自驱力，毕竟"教育的精髓是点燃梦想"。

绝大部分父母都坚持要一手操办孩子的一切，从做作业到交友，再到选择大学，父母都要说了算，反而使孩子承受着巨大的压力。为人父母，关键是要教导孩子去独立思考、身体力行，只有这样，他们才能拥有可以帮助自己在学习和生活中取得成功的决断力。我们更应该想方设法地帮助孩子找到自己挚爱的事物，并进一步发掘他们的内部动机，而不是逼着孩子去做那些他们不想做的事。

事实上，孩子有充分的能力对自己遇到的事情做出正确的选择，父母应该让这种选择能力得到充分发挥。当然，让父母对孩子放手，并不是要求父母完全放任不管。当孩子遇到困难或者决策失误时，父母应当给予孩子相应的帮助，从而促使孩子拥有更强的应对压力的能力，这也有助于孩子的健康成长。换句话说，在整个教育的过程中，父母只需要扮演一个顾问的角色。

教育的目的，并不是培养一味听话、完全服从的孩子，也不是培养为了得到奖励才肯去做事的孩子，而是要通过强化孩子的内部动机，培养出"自觉主动的孩子"。本书立足于孩子学习和生活中的方方面面，包括培养洞察力、提升自控力、锻炼意志力、唤醒内驱力等，从而引导孩子养成良好的行为习惯，大大增强其心理免疫力，让孩子有能力去经营一个成功与快乐并存的美好人生。

本书不只是育儿经验的总结，更融合了儿童教育心理学、儿童发展心理学等的理论成果，堪称"优等生培养指南"。让我们一同祝愿所有的孩子都能幸福健康地成长，所有父母的教育都能事半功倍，亲子关系更加和谐、美好。

目录

Part1 培养洞察力，帮孩子发现自我价值 / 001

01 自信的孩子有力量 / 002

02 要给孩子积极的暗示 / 006

03 发现和放大孩子的优点 / 009

04 每个孩子都有自己的兴趣爱好 / 012

05 给孩子表现自己的机会 / 015

06 培养孩子的想象力 / 019

07 保护孩子的好奇心 / 023

08 发现孩子的创造力 / 026

Part2 找到控制感，升级孩子的自控力"存量" / 031

01 培养孩子抵制诱惑的能力 / 032

02 要学会管理自己 / 035

03 做自己情绪的主人 / 038

04 按时间办事 / 042

05 让孩子告别网瘾 / 045

06 帮孩子养成专注的学习习惯 / 048

07 改掉粗心的坏毛病 / 051

08 养成做事不拖沓的好习惯 / 055

Part3 摆脱依赖，性格独立的孩子才能掌握人生 / 059

01 培养孩子的生存能力 / 060

02 学会和孩子保持距离 / 064

03 放手，让孩子独立 / 068

04 教孩子在实践中独立 / 072

05 让孩子决定自己的事情 / 076

06 独立思考是一种能力 / 080

07 对自己的行为负责 / 085

Part4 唤醒内驱力，让积极成为孩子性格的一部分 / 089

01 培养自我学习能力 / 090

02 带着兴趣自觉学习 / 093

03 谦虚不骄傲 / 098

04 勤奋不懒惰 / 102

05 积极广泛地阅读 / 106

06 学会自我反省 / 113

07 自主理财，不乱花钱 / 116

08 从劳动中体验快乐和幸福 / 120

Part5 适时助推，陪孩子一起战胜挫折 / 123

01 任何时候"挫折教育"必不可少 / 124

02 培养孩子积极乐观的心态 / 127

03 放弃前再坚持一下 / 130

04 勇敢地面对艰难险阻 / 134

05　跌倒了，让孩子自己爬起来 / 137

06　培养孩子坚忍不拔的精神 / 141

07　要舍得让孩子吃点"苦头" / 146

08　爱拼才会赢 / 150

Part6　提升共情力，使孩子学会与人交往 / 153

01　鼓励孩子参加集体活动 / 154

02　让孩子尝到分享的甜蜜 / 157

03　纯真的友谊让孩子受益无穷 / 160

04　改变孩子不合群的尴尬境地 / 163

05　不要忽视对孩子情商的培养 / 166

06　多给孩子创造社交机会 / 170

07　善于与他人搞好关系 / 174

08　任性的孩子是不受欢迎的 / 179

Part1

培养洞察力，帮孩子发现自我价值

01 自信的孩子有力量

情景案例

姗妮是个性格有些内向、长得挺漂亮的小姑娘，只是右边的脸颊上有一条疤痕。

开学初，班主任陈老师就在班会上提出，同学们要培养正确的自尊心和充分的自信心。下课后，陈老师拿着书走出教室的时候，姗妮小跑着追了出来。她拉了一下陈老师的衣襟，轻声说："老师，如果一个人总是自信不起来，该怎么办呢？"陈老师想了一下，说："这样吧，你回去做一项特殊的作业，把你想到的自己的优点总结出来，明天交给我，好吗？"她点了点头，若有所思地回去了。

第二天，陈老师的办公桌上出现了一张小纸条，上面没有署名，只写着："遵守纪律，爱劳动。"看着这几个字，陈老师的心底泛起了一种酸酸的感觉：这个孩子活得太沉重了。随后，她拿出纸笔，开始写一份"姗妮优点录"。除了姗妮自己写的两条，陈老师又添了"善良、温柔、乐于助人、坦诚、渴望成才、言行一致、细致、有爱心"等。放学后，陈老师又找来几位同学继续了解她的情况，在同学们的提醒下又添上了几条。最后，陈老师写下了她认为最重要的一条："你有一双美丽的大眼睛。"

姗妮看到了这张写满她的优点的纸。她把目光从纸上移开时，眼眶有些湿润。她问道："老师，我真的有这么好吗？"陈老师拍了拍她的肩膀，没有说话，只是用力地点了点头。后来，在结束整节课的内容时，陈老师让学生们每个人写出一个自己认为的班里最出色的同学的名字，然后把纸条收上来，一张张地打开来读。很多学生都"入围"了，因为陈老师没有限定哪方面出色。当念到姗妮的名字时，班里一下子安静了下来，显然大家都觉得有些意外。姗妮也抬起一直低着的头，用有点怀疑的目光看着老师。陈老师于是带头鼓起掌来，接着全班响起热烈而持久的掌声。

　　没有人知道陈老师所读的那张纸条上，其实一个字也没有。陈老师之所以要这样做，是因为她觉察到姗妮内心的沉重。或许是脸上的那一道疤痕，也或许是她本身性格内向等原因，致使她看不到自己身上的闪光的品质，找不到自己的优点，因而总是自信不起来。陈老师认识到要使这种内向、不自信的学生自信起来，需要用极大的爱心、耐心、细心去感知学生的内心要求，用真诚的爱的情感、爱的行为去唤醒学生，去鼓励学生，去发现学生。从那以后，姗妮的脸上开始洋溢着阳光般灿烂的笑容，课堂上也经常举手回答问题，她已经完全自信起来了。

🧠 心理分析

　　唤起自信，需要发现自我。陈老师的那张无字纸条的作用就在于使姗妮发现了自己，从而找到了自信。

　　有一句教育名言这样说："要让每个孩子都抬起头来走路。""抬起头来"意味着对自己、对未来、对所要做的事情充满信心。任何一个人，当他昂首挺胸、大步前进的时候，在他的心里有诸多的潜台词——"我能行！""我不比别人差！""我的目标一定能达到！""我是最棒的！""小小的挫折对我来说不算什么！"……假如每一个孩子都有这样的心态，肯定能不断进步，成为德智体全面发展的好学生。因此，激发孩子的自信，让孩子挺起自信的胸膛，是父母应该高度重视的问题。

　　自信心是每个人做事成功的动力和源泉。父母要时时以赞赏的眼光看孩子，让孩子扬起自信的风帆，迎接成功的喜悦。一个孩子的自信心的培养，会对他的一生产生举足轻重的影响。说实话，并不是每个孩子都会成为科学家，学生时代成绩很棒的人也并不一定就会有所建树。但是，孩子如果从很小的时候就充满自信，这对他的人生一定会有积极的意义。

歌德曾经说过："人类最大的灾难就是瞧不起自己。"哀莫大于心死。父母对孩子的失望意味着教育的停止，而孩子对自己的失望更意味着进步的停止。自信心是孩子学习、生活成功的精神支柱，然而孩子的自信心不是天生的，而是在后天的生活实践与学习训练中逐步培养起来的。

父母这样做

第一，尊重孩子，帮助孩子建立良好的自我形象。自我形象就是自己对自己的看法与评估。孩子由于年幼，对自己的看法与评价一般先来自于成人对他的看法和评价。孩子自信心的形成与他们的父母有着密切的关系。因此，父母需要尊重孩子，帮助孩子建立良好的自我形象。在日常生活中，父母要把孩子当成与自己平等的人，有意识地让孩子参与一些家庭的事务，与孩子讨论一些家庭中的事情，让孩子感觉到自己的能力和父母对自己的信任。尊重孩子，就不能对孩子说有辱人格、有伤自尊的话。父母千万不要对孩子说："你真没出息！""小孩子懂什么！""大人的事，小孩子知道什么？"如果这样说了，孩子就会觉得自己无法获得父母的信任，进而无法获得自信。尊重孩子尤其不能随意辱骂、惩罚和殴打孩子，辱骂、惩罚和殴打是最伤害孩子自尊心的。请父母记住，千万不要为了自己的尊严而去伤害孩子的自尊。

第二，告诉孩子"你能行"。缺乏自信的孩子由于长期处于不良状态，已经在心里建立了消极的自我预言，即"我是没用的""我很没信心"等。这种心理会让孩子越来越不敢尝试新的事物，越来越没有信心。因此，父母在平时的生活中可以有意识地忽视孩子缺乏自信的表现，而在孩子表现出自信的时候及时给予积极的表扬和鼓励，让孩子淡化"我无能"的心理，树立起"我也行"的心理。当然，父母对孩子的鼓励和赞扬要真诚，千万不要故意夸大其词，或者言不由衷。否则，会让孩子感觉到父母的虚伪，也不愿接受父母的赞扬。比如，孩子在画画时，父母不要总说："啊，你画得真好，真像个大画家！"父母可以具体地说："你画的这棵树真美，连树叶也很逼真。"这样一来，孩子就会觉得父母的鼓励和赞扬是真诚的。

第三，培养孩子的特殊才能。特殊的才能可以增强孩子的自信。父母可以根据孩子的兴趣和爱好来培养孩子的一些特长，让孩子通过发挥特长树立起自信。比如，有些孩子虽然缺乏自信，却能写一手好字，父母就可以让孩子学习书法，钢笔字、毛笔字都行，只要孩子有兴趣去学，肯定会做得很好。父母则可以抓住机会夸奖孩子，让孩子明白自己也是有能力的，从而培养孩子的自信。当然，父母也可以通过展示孩子的特长，让其他人来认可孩子的能力，这样更能提高孩子的自信。父母应该让孩子明白，每个人都有自己的特长，虽然自己在某些方面不如别人，但完全可能在其他方面超过别人。这时，父母还可以教孩子运用积极的自我暗示法进行自我激励，如："我一定能行！""我书法能学好，其他的肯定也能学好！""我真是一个写作文高手呀！"这些积极的自我暗示可以让孩子从对某件事的良好感觉中扩散出去，进而形成良好的自我感觉。

第四，随时巩固孩子的自信。巩固孩子的信心是一个不间断的过程。当父母看到孩子因不断成功而树立起信心时，千万不能以为大功告成，更要不断鼓励孩子，巩固其自信心。孩子只有在不断的鼓励中，通过自己不断的努力，才能真正树立起自信。

02 要给孩子积极的暗示

情景案例

小东是一个好孩子，聪明又听父母的话。但是，他有一个毛病，非常爱动。只要一坐在教室里的椅子上，总是摇来晃去，像屁股上有一枚钉子一样。这样做，不仅影响小东自己的学习效果，坐在他旁边的同学也会因此受到影响。为此，老师深感苦恼。

这次期中考试成绩出来了。为了让父母对学生的学习情况有进一步了解，班主任召开了一次家长会。小东的妈妈按时参加了。

在介绍完这次成绩的整体情况后，老师走到小东妈妈的身边，说："这次考试，小东的成绩极为不理想，主要是因为他在课堂上表现不好，经常摇头晃脑、动来动去，在影响自己的同时，也影响身边的同学。希望您能够和孩子好好谈一谈。"妈妈听后，说："谢谢老师对小东的关心，我会想办法让他克服这一缺点的，争取下次考一个好成绩。"妈妈虽然嘴上这样说，心情却糟糕透了。接下来，老师在讲台上讲了一些关于学习方面的事情。妈妈无心去听，一直在想刚才老师对她说的一番话。

回到家中，妈妈把小东叫到身边，生气地说："你怎么就这么笨呢？为什么不好好学习啊？平时看你是一个听话的孩子，在学校里怎么就坐不住呢？有你这样的儿子，实在太丢人了！"小东被妈妈突如其来的责骂吓哭了，说："妈妈，您听我解释好不好，我也不想这样，可我就是管不住自己……"

不仅如此，每当遇到亲戚朋友时，妈妈逢人就说："唉，我养了一个没有出息的孩子，上课不守纪律，学习成绩又差。"小东的自尊心受到了强烈的打击，从此以后，不仅学习成绩差，而且多次违反课堂纪律。

心理分析

随着现代教育理念的不断更新，在日常生活中，父母不知不觉地会给孩子一些积极的暗示。这些积极的暗示在培养孩子的性格、学习和生活习惯以及品质等方面起到了不可低估的作用，尤其在改变孩子不听话方面，更有着神奇的作用。一般说来，暗示可以分为积极暗示和消极暗示两种。积极暗示能促进孩子的健康成长，培养孩子良好的性格和心态；消极暗示则是孩子心灵的腐蚀剂，让孩子情绪低落，产生自卑和自弃。研究发现，许多父母在教育过程中不同程度地犯有"消极暗示"的错误。

世界上没有十全十美的东西，孩子同样如此，或许性格上存在缺点，或许智商上存在缺陷，或许……对于孩子身上的缺点，如果父母经常唠叨和数落，或当着其他人的面进行批评，不仅起不到应有的教育作用，反而会让孩子对自己的不良行为产生认同，在潜意识中认为："你想训我就训吧，我就是这样的，你能把我怎么样？"在学习或生活中，孩子会自觉不自觉地成为父母口中所说的不良少年。从这个角度来说，父母这样做是不对的，应该采取积极的暗示教育法。只有这样，才能让孩子朝着好的方向发展。

积极暗示对孩子的成长很重要。孩子一直生活在积极暗示的环境里，父母就不会为孩子的悲观、自弃而发愁。当然，积极暗示不同于鼓励，它更多的是在不知不觉中从侧面去影响孩子，单纯鼓励和表扬容易让孩子对自己产生不真实的判断。

积极暗示能够教孩子学会平静地对待一切，包括伤痛。孩子与同伴相处，吃了亏，父母把他叫到身边，轻轻地抚摸并安慰道："我知道你这儿有点疼，对吗?"孩子却会自豪地说："没事。"暗示，能切实地保护孩子的自尊。孩子流鼻涕了，父母告诉他："有一些脏虫在咬你的鼻子呢。"孩子很快会意识到自己的失误，并用极快的速度改正它。

综上所述，积极暗示对孩子起着重大的潜移默化的作用。面对单纯可爱的孩子，父母巧妙使用暗示教育法，必定能收到良好的教育效果。

父母这样做

第一，面对孩子的错误或缺点，父母切不可一味地强行制止。要将教导与积极暗示相结合，以一种含蓄的方法，与孩子共同走出误区。我们要明白，对于极为消极的孩子来说，一旦发现他们有改过之心时，最好的办法不是批评而是适度表扬。

第二，实际上，暗示教育的方法有许多种。作为父母，应该学会去摸索，去发现。要根据孩子的个性、性格特点来因材施教，以收获较好的教育效果。父母不能忽视生活中的每一件小事，要时刻将自己的爱意，将自己对孩子的鼓励传达给他们，让孩子建立自信心。

第三，父母对孩子进行暗示教育时，应采取一定的策略，批评或表扬都应该奉行"对事不对人"的原则，批评或表扬主要针对某一具体事件或某一具体行为。父母在选择词语、体态语言时，不要大意，一切要以帮助孩子客观地做出自我评价或反省为基础。只有这样，父母才能给予孩子正确的引导，让孩子身体健康、心理健康两受益。

第四，大教育家苏霍姆林斯基曾说过这样一句话："任何一种教育，孩子从中感受到教育者的意图越少，它的教育效果就会越大。"从这里，我们可以得出这样一个结论：我们在面对孩子时，应摒除那些令人不快的"要求""命令""责骂"，转而以"启发""暗示""商量"等方式来实施教育。这样做，易于孩子接受。

03 发现和放大孩子的优点

情景案例

赵菲的妈妈是个教育工作者，平时对赵菲的要求比较高，生活中很少见到她主动表扬女儿。赵菲也总觉得妈妈是一个太严厉的人，有什么心里话也不敢跟妈妈说。每次考试总是担心考不好，会让父母失望。妈妈也很不解：自己是个教师，能和学生打成一片，可女儿怎么会那么惧怕自己呢？

后来，妈妈看了一本家教方面的书籍之后，意识到了自己的做法有待改善。因此，她有意识地改变了自己的态度。她利用几天的时间，观察赵菲的言谈举止，竟然发现赵菲有很多优点。比如，赵菲的动手能力比别的孩子强，学习的时候能够专心致志，做事情总是一丝不苟，很有条理性，自己的房间也收拾得干净整齐……此时，她才感觉到作为父母有些不合格。

有一次，在给女儿的家庭作业签名时，妈妈发现女儿有篇作文写得很好。因此，她在签名的旁边写道：作文写得文采飞扬，妈妈相信你会有更出色的表现。看到赵菲将刚洗的衣服叠好放在衣橱，妈妈会很高兴地搂住女儿并对她说："你真是妈妈的贴心小棉袄，妈妈真高兴啊！"赵菲看到妈妈的变化，消除了以往的顾虑，学习也变得轻松多了，连老师都说她变得活泼开朗了。

心理分析

在上面的案例中，赵菲之所以能够变得活泼开朗，主要是因为得到了妈妈有意识的夸奖。假如妈妈还像原来那样对待她，赵菲的心理压力可能就会不断地加大，以致形成自闭或自卑的性格，这对赵菲以后的成长是很不利的。所以，为了孩子能够更加自信地成长，父母一定要有意识地用"放大镜"来看孩子的优点。

生活中，随处可听见父母对孩子的批评、指责，却很少听到父母对孩子的赞扬。这不是因为孩子身上缺点多、优点少，而是父母总习惯于发现孩子的缺点，并且放大孩子的这些缺点，忽略了孩子身上的优点。

每个父母都望子成龙、望女成凤，都希望孩子出类拔萃，所以希望孩子身上的缺点越少越好，不免急着督促孩子早点改正缺点。但是，孩子都希望得到父母的赏识，不愿意听到父母的批评。受到赏识的孩子会更加自信、积极，以后会做得更好；受到批评的孩子会产生自卑的心理，还会产生与父母对立的情绪，产生破罐破摔的后果。

其实，孩子将来的成功依赖于很多的因素，不只是成绩一个方面，还与孩子各方面的能力、素质、品质等有关。孩子的优点，只要父母细心观察，就会随时有所发现。哪怕是在孩子的缺点中，都能找到优点的藏身之处。

父母要善于发现孩子的优点，并且把这些优点放大去看。不管是从孩子缺点中提取的优点，还是孩子的丁点进步，都要及时提出来进行表扬，以此增加孩子的兴趣与自信。父母应鼓励孩子把优点发挥下去，引导孩子把缺点变成优点，激励孩子挖掘出自身的潜力，帮助孩子打下走向成功的基础。

生活中，很多父母都有过这样的体会：对任何孩子来说，往往是表扬越多，优点越多；训斥越多，毛病越多。赞美是父母送给孩子的最好礼物，父母越是能够发现和放大孩子的优点，孩子就会具有更多的优点，说不定还会有出人意料的表现。

孩子渴望父母的赞扬，需要父母的鼓励，希望得到父母的肯定。父母要善于发现并放大孩子的优点，用正面的、肯定的言行对孩子进行赞美，才能引导孩子成为一个出类拔萃的人。

父母这样做

第一，不要拿孩子的短处与别人的长处比较。父母如果经常拿孩子的弱点与别人的优点进行比较，所看到的就都是孩子的缺点，然后对孩子横加指责。这样做对孩子不公平也不科学，只有害而无利。父母应该更多地去发现孩子的优点，对孩子进行赞赏与鼓励，才能激发孩子潜藏的美好一面。

第二，从小事中发现孩子的长处。孩子某一方面的天赋长处可能自己感觉不到，如果父母也不能及时发现，就有可能把孩子的优势埋没了。所以，父母应该仔细观察，从小事中发现孩子的特长并鼓励和培养孩子往这方面发展。这样孩子得到了锻炼，以后有了施展的机会，就能帮助孩子更快地取得成功。

第三，从缺点中发现孩子的优点。孩子往往优点与缺点共存。在孩子的缺点中，父母要善于发现优点，在赞美孩子优点的同时引导孩子改正缺点。孩子得到了父母的肯定，就会感到很高兴，对父母所提的改正缺点的意见也易于接受。这比一味地对孩子的缺点进行指责效果要好得多，同时能帮助孩子把优点保持下去。

第四，发现孩子的优点后再放大去看。父母要从细小之处发现孩子的优点，并通过夸赞适度放大，孩子就会真的慢慢把它变成自己的优点，最后达到把缺点变成优点的效果。

04 每个孩子都有自己的兴趣爱好

情景案例

旭旭是个聪明可爱的孩子，今年已经上初一了。以前每逢假期，爸爸妈妈都是把他送到奶奶或姥姥家，因为两人太忙没法儿给他做午饭。这个假期，妈妈觉得旭旭长大了，应该更独立一些，就在刚刚放假的几天，教旭旭做了几样简单的饭菜，让他自己在家时不至于饿着没有饭吃。

谁知道，原来只是为了能让旭旭简单地对付一顿饭，结果他却从中发现了很多的乐趣，竟然喜欢上了做饭。只要有时间，旭旭就会抢着为家里人做饭，追着妈妈爸爸学这个，学那个，甚至还把妈妈多少年以前买的一本菜谱拿出来，有事儿没事儿就研究一番，还真的按照菜谱上备料、动手操作。

起初，爸爸妈妈没有把这当一回事，只觉得是孩子一时兴起，吃了旭旭做的菜还都交口称赞。可时间一天天过去了，旭旭的兴致有增无减，水平一天比一天高，劲头儿也一天比一天大，甚至对爸爸妈妈说："没想到做菜这么有意思，我以后长大当个厨师也不错！"

爸爸妈妈听了，那可不是一般的生气，觉得别人家的孩子要么喜欢看书，要么喜欢画画、唱歌、踢球，怎么自己的孩子偏偏喜欢上了做饭？妈妈真后悔，当初为什么想起来让旭旭学做饭？爸爸也一个劲儿地埋怨妈妈。于是，爸爸妈妈建立起了统一战线。为抑制旭旭这个"不良嗜好"，他们把他送到了奶奶家，把家里的菜谱没收了，严令禁止旭旭进厨房，并开始反反复复地向旭旭灌输："做厨师没有学历，没有地位，即使当个高级厨师也是伺候人的，多没出息！好好读书，以后上大学，才有好前途。"

心理分析

不尊重孩子的兴趣、爱好，这是很多父母在培育孩子方面常犯的一个错误。作为父母，要想让自己的孩子以后尽快取得成功，就应该不但尊重孩子的兴趣爱好，而且当孩子没有兴趣爱好时还要培养孩子的兴趣爱好。但生活中往往不是这样，有的父母在孩子兴趣爱好的选择上有较强的功利心，对一些与孩子考试、升学有关的，或者是感觉上高雅的，就积极支持、鼓励，甚至是逼迫孩子去学。而对于一些孩子真正喜欢，却不符合父母标准的就制止、否定。这些父母往往根据自己的世界观、人生观、价值观把不同的职业、人群划分为三六九等，并把这种观念灌输给孩子。父母要知道，孩子虽然小，但也是一个个体，他有自己选择兴趣爱好的权利。如果父母制止孩子的兴趣爱好，而把自己的意志强加给孩子，孩子不是出于真正的喜欢，兴趣爱好就失去了它应有的意义。而过分抑制孩子，会使孩子渐渐对什么都不感兴趣，感觉空虚、无聊，影响孩子性格的发展。

父母把不正确的价值观和功利心带到孩子的兴趣爱好中，会使孩子觉得他所做的事情并不是出于自己的意愿，而是为父母做的，做起来会没有热情和积极性，甚至产生逆反心理。同时，孩子受到这种功利思想的影响，会变得爱慕虚荣，片面追求所谓的高雅时尚。父母对孩子的过分干预和对某些职业的否定性描述，会使孩子对自己的爱好产生片面的认识，认为自己没有眼光，没有本事，从而否定自己对事物的判断能力，变得没有自信。

俗话说："强扭的瓜不甜。"教育孩子也是一样。一般来讲，如果孩子有什么样的兴趣爱好，父母就应该加强这方面的教育培养。但是，有些父母望子成才心切，过早地、主观地按自己的愿望教育孩子，不闻不问孩子有没有这方面的爱好兴趣，强制孩子违心地去学，结果大多是半途而废，或者效果不佳。因此，在培养孩子的问题上，父母要全面考虑衡量，多听听孩子的意见想法，多和孩子平等地讨论、交流、沟通，选择一个合适的、准确的培养方向。

每个孩子的成长过程都有各自不同的特点。他们认识和接受这个世界首先是从兴趣喜好开始的。所有新鲜的事物都会令孩子产生好奇和不同认识，也许在父母看来可能是错误的，也很容易和父母的意愿产生矛盾。这时，父母就该采取一些有效的措施解决和处理，这对孩子的一生都有很大的帮助。

父母这样做

第一，兴趣、爱好使人生变得丰富多彩，充满乐趣和期待，对人的一生都有积极作用。孩子选择兴趣爱好时，父母固然需要引导，但绝不可以代替孩子。

第二，即使孩子的选择可能与父母的期望有差距，但只要是正当的而非不良嗜好，就应该尊重孩子的选择。孩子在做自己喜欢的事情时，他的创造力和潜能才有可能得到充分的发挥，他的专注、认真、持之以恒的习惯和意志品质也才可以得到全面的锻炼。这些对孩子的学习也是有帮助的。

第三，父母要对孩子给予指导和帮助。如果孩子因为沉浸在某个兴趣爱好中，影响了正常的学习、生活，父母应该给予一定的干预，教会孩子正确对待两者之间的关系，合理安排时间。但一定要用孩子可以接受的方式，不可简单粗暴地制止。

05 给孩子表现自己的机会

情景案例

小明回到家，就从书包里拿出一张画，跑到妈妈跟前："妈妈，快看我的画。"正在厨房忙着做饭的妈妈，向小明歪歪脑袋，嘴里说着："好，不错！"小明感到妈妈在应付自己，就不依不饶地说："你根本就没看，妈妈，我给你放在茶几上，你好好看看。"说着，就过来拉妈妈的袖子。

妈妈被缠得没有办法，只好跟到客厅看了一眼："噢，看见了。还行吧！"妈妈边说边往回走。小明穷追不舍地说："妈妈，你仔细看看，这就是我那张在学校美术作品栏展览的画！在学校展览了一个多月了，今天老师换展品，我特地向老师要回来给你看的。"妈妈停住脚步，转过头："什么展览的那张画？"小明有点不高兴了："妈妈，我老早就告诉过你，让你去学校看展览，你说没工夫。我就给你带回来了，你怎么又忘了？"妈妈赔着笑脸说："想起来了。"然后，她伸出脑袋又看了一下："不错，不错！"

显然，小明并不满意妈妈这个"不错，不错"的评价，还不死心地又问："不错在哪儿？你觉得哪儿画得最好？"已经又回到厨房忙碌的妈妈，不耐烦了："你怎么那么麻烦，没完没了啊！没看见我忙着呢。不就是一张在学校展览的画吗，有什么了不起……"客厅里，小明把画揉成了一个团儿。

心理分析

孩子都有表现自己的愿望，经常会要求父母听他唱歌、看他的作品，希望父母肯定自己的成绩，这对激发孩子的自信心、创造力都是非常有益的。但是，有些父母却常常忽视孩子的需要，不理会孩子的这些信号，人为地弱化孩子的成绩，把孩子的特长不当回事儿，甚至讽刺、否定孩子的特长。这会使孩子感到失落、伤心，觉得父母根本就不重视自己，也会使孩子正常的表现欲望、成就意识受到压制，挫败孩子的自信心。

让孩子表演自己的特长，是增强他自信心的重量级砝码。人不可能涉猎每个领域，不可能在各个方面都是高手。对于普通人来说，想要通过自己的努力达到"高人一头"，就只能集中资源和精力，把某一件事做好，在某一个方面比别人精通。一旦做好了这件事，人就实现了超越，就有了成就感，自我评价也随之提升，自信也就有了。

父母要善于体会和接受孩子传递的信号，满足孩子表现自己和与父母交流的愿望，关注孩子的需要，参与孩子的活动。在这种时候，孩子的身心是放松的、精神是愉悦的，也是父母了解孩子的最好机会。当父母用欣赏、鼓励的目光看孩子时，孩子会由衷地产生自信心。

因为一个人表现自己的机会越多，成功的可能性就越大。表现自己，就是表现自己的个性、意志、才能和德行，是在证明自己的力量。父母给孩子表现自己的机会，就是让孩子在生活中表现自己的力量，感受到自己成功的快乐。

著名教育家苏霍姆林斯基说："成功的快乐是一种巨大的精神力量，它可以促进儿童好好学习的愿望。"孩子越能在成功的实践中证明自己的力量，他就越对自己有信心。因此，如果孩子想做饭，就让他做；孩子要搞家庭表演，就让他干；孩子想办家庭板报，就让他办；孩子想表达自己的意见，就让他表达。

总之，孩子想表现自己，父母就应为孩子创造表现的条件。剥夺孩子表现的机会，就削减了孩子成功的可能性。父母要知道，教育孩子就是给孩子提供发展自己、表现自己的机会。

父母这样做

第一，留意观察孩子。在平常的学习生活中，父母应该留意观察孩子，从孩子日常的点滴中，去发现孩子的兴趣所在。比如，孩子喜欢绘画，孩子喜欢阅读，孩子喜欢唱歌等。当父母知道孩子的兴趣后，就可以有的放矢地培养孩子的兴趣。这个兴趣将成为孩子的一种能力，在今后可以让孩子表现。

第二，给孩子创造机会。在父母了解并培养孩子的兴趣之后，请不要忘记，给孩子创造一些表现的机会。比如，在休息日的时候，父母可以请孩子为大家唱一首歌，或者为大家朗诵一段文章，或者为大家讲一个故事等。在家庭中，父母可以给孩子搭起一个让孩子表现的舞台。

第三，多参与各种比赛活动。在学校里，会经常展开一些活动，如讲故事比赛、诗歌比赛、演讲比赛等。这个时候，父母应该积极支持孩子多去参加这样的比赛活动。在这些活动中，孩子不仅能获得表现的机会，也可以体验到成功的喜悦，并且还得到了锻炼。

第四，多与老师合作。父母在培养孩子自我表现的时候，应该与老师多合作。老师的指点和评价能使孩子更加愿意去自我表现，在课堂上，会主动举手回答问题，而老师的表扬会使孩子充满快乐，得到一种喜悦感。

第五，扩大接触面。现在的孩子接触的，除了自己的父母，就是老师和同学，不免有些单调。父母可以帮助孩子扩大接触面，多出去走走，可以去一些不常去的地方，可以到父母的朋友家做客，让孩子接触更多的人和事。

第六，多鼓励孩子。当孩子主动要表现自我的时候，父母应给予孩子鼓励。这是因为，孩子自我表现的能力就是从这一次又一次的主动开始建立的。当孩子得到父母的鼓励的时候，他就会提高自我表现的积极性。

　　第七，耐心等待孩子的表现。既然父母希望孩子能够表现自我，也给了孩子一些机会，那么，请对孩子多一些耐心，等待孩子的表现。有些孩子一开始还不是很愿意自我表现。这个时候，父母需要有耐心，等待孩子迈出自我表现的第一步。

06 培养孩子的想象力

情景案例

"弯弯的月亮……"幼儿园里传出孩子们清脆的读书声。

"大家想一想，月亮像什么呢?"

班上顿时活跃起来了，学生七嘴八舌地开始讨论。

"好，这位同学说。"第一次上课，老师还不能叫上学生的名字。

"弯弯的月亮像两头儿尖尖的小船。"

"弯弯的月亮像镰刀。"

"圆圆的月亮像车轮。"

"圆圆的月亮像银盘。"

这时，靠窗边的小男孩出神地望着窗外的天空，小手还不时地在比画着什么。

"靠近窗户的同学来回答。"老师向他递去亲切的眼神。

他从美妙的幻想中被老师惊醒。

"圆圆的月亮像月饼，弯弯的月亮像吃剩下的月饼。"孩子脱口就答。

教室里一片哗然，学生们哄堂大笑。这时，孩子的脸立刻变得通红，小手里满是汗水，不停地在衣服上蹭着。他低着头，不敢看老师。他多么渴望老师能够支持他的回答啊，可老师只简单地说了一句:"坐下吧。"孩子再也承受不住，眼泪就不由得流了出来。

时光飞逝，二十年之后，孩子站在了幼儿园的讲台上。

"弯弯的月亮，蓝蓝的天……"

"同学们，月亮像什么？"新一代老师向学生提出了问题。

"小船！""皮球！""车轮！"同学们踊跃回答。

一个小女孩见别的同学都在举手，她也小心翼翼地抬起了小手。

"那个小女孩说。"老师看着小女孩说道。

小女孩有点受宠若惊，愣了一下站起来，说："像……像豆角。"同学们哄堂大笑。

老师心口一酸，他想起了小时候自己的回答。老师微笑着说："你说得很好，很有新意。"

又是二十年过去了。在他退休那天，他收到一位女作家的来信：

"谢谢您，老师！感谢您在我小时候给我的帮助，您肯定了我的'豆角月亮'，激励我勇敢地发挥想象力，发挥创造力。正是您当时的鼓励，我才有今天的成果。"

心理分析

人的想象力是无限的，父母如果在孩子小时候能培养他善于想象的习惯，那么等他长大以后就会发挥出无限的创造精神，定会使你的孩子获得更大的成功。

研究表明，如果一个人在小时候想象力得不到好的发展，将来非但不能成为诗人、小说家、雕刻家、画家，而且也成不了建筑家、科学家、法律学家、数学家。有人觉得当数学家或科学家就用不着想象，实际上并不是这样的。想象力对于任何人都是很重要的。发明家能够发明机器，学者能够发现真理，建筑学家能够设计出经典的建筑物，都离不开想象力的充分发挥。拿破仑曾说过："想象支配着整个世界。"这确实是至理名言。拿破仑的话也许源于自己的行动，他在战争中所制定的战略战术及宏伟规划都是他的想象力的产物。

有人认为神话、传说等没有任何价值，总是告诉孩子那只是虚假的故事。但是，斯特娜夫人的观点却正好相反，她非常喜欢神话。她通过观察发现，同样是观看天空的星星，喜欢神话的孩子的感想与不喜欢神话的孩子的感想是完全不一样的。由于她常对女儿讲神话等故事，致使女儿维尼对天文学产生了兴趣。因此，父母应学会利用身边的一切资源来发挥孩子的想象力，给孩子的思维插上翅膀，让其在自由的天空翱翔。

有位教育专家曾说，中国孩子的想象力并不输于外国孩子，父母不刻意培养也没关系，但一定不要扼杀孩子的想象力。中国的父母很喜欢替孩子做事情，就像替孩子洗碗、洗衣服、系鞋带等，让孩子从小就丧失了基本的动手能力和好奇心。孩子都有很强的好奇心，喜欢到处乱摸，很多父母怕孩子弄坏东西或伤到孩子自己，就制止孩子的行为，孩子在父母的"良好教导"下就慢慢变得循规蹈矩，从而遏制了自己想象力的发展。

我们应该理解孩子，宽容地对待孩子。孩子天生就是爱想象的，他们对世界的了解远没有我们成人这么深入和宽泛。因此，面对一些事物时，他们喜欢用自己的想象解决问题。而我们成人往往又喜欢拿我们的标准来衡量他们，用我们认为是正确的做法来限定他们对事物的认识。因此，就出现了上述结果。其实，孩子的想象力是天生的，也许最开始他们的想法看起来有些荒诞，但随着年龄的增长，如果孩子的这些想象能够得到鼓励，它就可能成为孩子的理想，最后转变为现实。其实，很多发明家的发明创造都是从想象中诞生的。

因为有想象，爱迪生创造了电灯，生活由黑暗变为光明；因为有想象，莱特兄弟发明了飞机，我们可以周游世界；因为有想象，瓦特发明了蒸汽机，我们脱离了马车的不安稳；因为有想象，牛顿发现了万有引力，让我们更加了解世界……如果莱特兄弟看到小鸟飞翔，不敢"异想天开"，如果瓦特看到沸腾的壶盖，不大胆想象，如果牛顿看到苹果落地，没有求新求异的勇气，这一切的一切都将不可能。

对孩子来说，拥有想象力比拥有百万家产还重要。凡是在年幼时充分发展了想象力的人，当他遭遇不幸时也会感到幸福，当他陷于困境时也会感到快活。所以说，世界上最不幸的人就是不善于想象的人，这种人在社会竞争中必然遭受淘汰。

一个缺乏想象力的孩子是不健全的孩子，扼杀孩子的想象力就是扼杀孩子的未来，培养孩子的想象力就是帮助孩子成才。所以，父母要注意发扬而不是扼杀孩子的想象力。

父母这样做

第一，无尾故事训练法。父母可以讲一个没有结尾的故事，让孩子把结尾续上。例如，乌龟和兔子赛跑的故事，第一次乌龟赢了，兔子很不服气，于是，他们又比了一次，结果呢？可以让孩子自己来讲故事的结尾。这类训练适合于从低年龄到高年龄的所有孩子，它能够有效地开启儿童的想象的翅膀，培养儿童的构思能力、表达能力，锻炼儿童的创造力。当然，父母在选择这类故事时，要选择趣味性强或推理性强的，那更能引起孩子的兴趣。

第二，无题故事训练法。父母先讲一个故事，然后让孩子加上题目。这个训练也适合于所有年龄的儿童。加上题目实际上是一个命名的过程，这个活动能够锻炼孩子的概括能力、抽象能力和表达能力，普通中小学的语文和数学课中有相当的时间是进行这方面的训练的。父母可选取孩子熟悉的故事，让孩子加题目。

07 保护孩子的好奇心

情景案例

"妈妈，为什么太阳和月亮会躲到云朵里？"

"因为天空上有一个大气层，大气层中有水汽，凝结成了云朵。地球在围绕着太阳转的时候呢，被天上的云遮挡住了，所以就看不到。"

孩子似乎并没有听懂这个答案，依旧一脸迷茫地问："大气层又是什么，为什么会有大气层？"

"大气层是星球表面上的空气，受宇宙引力影响，在地球表面积蓄而成的一圈气体。"

"妈妈，宇宙在哪啊？引力是什么？"

几番回答和提问之后，不少父母开始对孩子的"为什么"感到无可奈何，孩子一旦问个没完了，便没了耐心解答，遇到心情不好或太忙的时候，就随便敷衍一下。

心理分析

好奇心是鼓励人们不断创造的动力之一。对孩子来说，好奇心则是孩子探索和认识世界的主要方式。父母的态度决定了孩子兴趣的幼芽是茁壮成长还是渐渐枯萎。可惜，不少父母无意中将孩子的热情之火在刚燃烧起来时便吹灭了，使孩子强大的潜在学习能力枯死了。

孩子常常会指着那些新奇的东西，问这是什么，那又是什么，为什么会这样……这些让他们表现出极大兴趣的新奇事物，很有可能就是我们习以为常的东西。

好奇心是孩子的天性，也是孩子敢于探索新知、敢于创新的动力。创造精神就像一双巨大的翅膀，能带着孩子在知识的天空里展翅高飞。父母可从保护孩子的好奇心开始，培养他们的创造精神。

著名教育家陈鹤琴曾说过："好奇动作是小孩子获取知识的一个最紧要的门径。"

强烈的好奇心能使孩子产生学习的兴趣。孩子只有对学习产生了兴趣，才能从学习中体验到快乐，才会热爱学习，并主动学习。

好奇心是每个人学习和探索的动力。失去了好奇心，人就像一潭死水一样，没有了活力。而孩子纯真的好奇之心，则是开启孩子智慧大门的金钥匙，如果父母能够对孩子的好奇心加以保护，定能形成燎原之势，照亮孩子学习和成长的道路，成就精彩人生。

一个兴趣广泛的人，往往对很多事物都保持着强烈的好奇心，他的创造力也非常强。好奇心强的人，对于大家习以为常的事情常常能表现出极大的热情。在好奇心的驱使下，他会保持着强烈的求知欲。所以，好奇心就成了驱使人们不断学习、积极进取的强大动力。

好奇心是孩子学习本领的途径。在孩子看来，世界是充满诱惑力的，一棵小草、一只小飞虫都能引起孩子无限的好奇心。但是，河水、蛇等对孩子存在危险的事物也会引起孩子极大的兴趣。所以，父母在让孩子探索自己感兴趣的事物之余，也应注意安全，加以协助或指导。

父母这样做

第一，充分利用孩子的兴趣、爱好，因势利导。孩子从小就精力旺盛，想象力特别丰富，又有好动、好奇的特点，这正是教育孩子的最好时机。父母可根据孩子的兴趣爱好，引导孩子进行有益的探索活动。比如，孩子爱玩打仗的游戏，父母可讲邱少云的故事，教育孩子既要勇敢，又要守纪律。有兴趣和爱好的孩子都喜欢探索，父母要充分利用孩子的探索精神来发挥孩子的潜力，让孩子在不知不觉的玩耍中就能学到知识。

第二，鼓励孩子提问题。很多孩子都喜欢发问，爱思考，这对培养孩子的探索精神十分有利。教育家陶行知盛赞小孩是再大不过的发明家，他提醒父母："发明千千万，起点是一问。人力胜天公，只有每事问。"孩子提出的问题，父母不一定全都能回答出来，但可以这么对孩子说："这些问题我不知道，不过，我们可以通过努力找出答案。"

第三，满足孩子的自尊心。孩子的发展有很大的可塑性，父母应尽力满足他们在知识、能力、判断力等方面的自尊心，不要说孩子是"傻子""连这个都不懂"，也不要说"你不懂，让我来告诉你"，而要在孩子面前表现出自己的谦逊，比如："我想，这个问题你是了解的，请你谈一谈你的看法。"这样一来，由于孩子的自尊心得到爱护，他就会尽力探索问题。

第四，展示生活中的各种现象。比如，让孩子在显微镜下看看他们的手指甲，他们就会懂得为什么要坚持饭前洗手；与其向孩子解释什么是霉点，不如让孩子看看面包上长的霉点；如果能带孩子到博物馆或科技馆去，不给他规定参观路线，而是让孩子带路，这样就知道他们最感兴趣的是哪些东西了。

第五，欣赏孩子的爱好和成就。这是满足孩子求知欲望最重要的一点。孩子的爱好是其心理发展走向的表露。但称赞孩子时应注意：一是要诚恳，发自内心；二是要具体而不要抽象笼统；三是要掌握分寸，不可言过其实；四是经常采用间接称赞的方法；五是称赞的时机要选择得当，不可乱发议论，要自然，不要做作；六是称赞要适可而止，不要无限拔高。

08 发现孩子的创造力

情景案例

桃子妈妈是位心灵手巧的妈妈，只要有时间，就会用心用力扮美生活。扮美的过程就是创造的过程，扮美的过程也是开发孩子创造力的过程。

每天的晚饭时光，是桃子家固定的"创作"时间。妈妈在厨房里忙着做饭，三岁多的桃子就会站在菜桌前琢磨：今天的餐桌应该如何装饰才更合适呢？在妈妈的提醒下，桃子会把做饭用的"边角废料"放在好看的容器中，作为餐桌装饰。洗好的菜叶，像菠菜叶、芹菜等，会放在高一点儿的花瓶中。洗好的小萝卜是桃子最喜欢的装饰物。红红的水萝卜放在白瓷碗里，多么美丽的图画啊。

盛菜的盘子也是桃子发挥想象力和创造力的绝好界面。妈妈切好的黄瓜片，会被桃子摆成小叶子和花的形状，放在盘子边上。为了这个，桃子妈妈特地使用平盘，这样更方便桃子搞"创作"。

在家里做饭，菜肴的设计、碗盘的装饰、餐桌的布置等，都是桃子和妈妈的创作园地。在这样的扮美过程中，桃子的点子越来越多，桃子的小手也越来越灵活。

出门玩耍的时候，桃子更会设计出各种各样有创意的游戏，使身边的小朋友都喜欢和自己玩。在海边，一个小小的饮料瓶就是桃子最好的"道具"，忽而飞机、忽而潜艇、忽而又成了虫子的小家……桃子一边手里比画，一边嘴里念念有词，不停地给身边的小朋友讲着自己编的各种各样的故事。到公园里散步，一片小叶子在桃子的眼中、手中、口中都可以幻化无穷。在这样的"创意"中生活，其乐无穷。

在桃子家，专门有一面属于桃子的创意墙。每当桃子妈妈在家里收拾花花草草的时候，桃子都会用剪下的各种叶子粘贴出一些很漂亮的树叶贴画。桃子还会把妈妈用剩的碎布做"布贴画"，用蔬菜或者豆子做"豆子画"……每次这样的作品问世，桃子妈妈都会很认真地将画裱好，郑重地挂在创意墙上。

虽然桌子上、地上都是废物和辅料，可是看到孩子能用废弃的东西做出这样的作品，妈妈总是很自豪。妈妈每次都会用鼓励和夸奖对待桃子的表现，都会用宽容的态度对待"创作现场"。

心理分析

读完案例，我们可以发现，每个孩子都有一定的创造潜能，这种创造潜能就表现在日常生活中。因此，观察孩子在日常活动中的表现就可以发现他的创造力。比如，案例中的桃子小朋友一会儿把饮料瓶当成飞机，一会儿把它当作潜艇，一会儿又用它来做虫子的小窝……其中，有丰富的想象，有发散的思维，发现了同一事物的不同用处，这就是创造性的表现。创造力高的孩子往往会有奇思怪想，与众不同，而父母切忌随意讥笑或斥之为怪物。在考察孩子的创造力时，最忌讳的便是父母告诉孩子："你怎么不像你大哥?"要知道，孩子的创造力越高，越会与众不同。

一般而言，家庭是孩子接受教育的第一场所，父母是孩子的启蒙老师。由于创造力的发展受环境和教育的影响非常大，因此，家庭环境及家庭教育的好与坏直接决定着孩子创造力的发展。

创造力被誉为人类智慧的最杰出表现和人类文明的动力源泉。创造力与孩子成长密不可分，对孩子的成长起着重要作用。

孩子正处于创造力的萌芽阶段，此时的他们对周围的环境有着强烈的探索欲望和好奇心，更有着强烈的创造力。父母对于提高孩子的智力都非常注重，而创造力也是智力的一种。如果父母注意培养孩子的创造力，孩子的智力也会得到相应的提高。在当今知识经济时代，没有创造力就意味着被淘汰出局。竞争是如此普遍、激烈，而竞争的焦点就在于创造力上，为人父母者千万不能让孩子输在这个制高点上。

有不少孩子读书很用功，各门功课背得滚瓜烂熟，但遇到具体问题需要发挥创造力去具体对待时，却傻了眼。这些学生往往考试时能考出非常好的成绩，但长大后走上工作岗位，却往往落后于人。这就是我们常说的"高分数、低能力"的现象。而有些学生，尽管看来成绩平平，却能在需要发挥创造力的地方大显身手，走上工作岗位后常常表现出非凡的创造精神，这就是所谓的创造型人才。

可以说，创造是思维能力的一种，但它并不是漫无边际的，也不是天马行空式的想法，而是一种具备创造性、发现性的能力，它能够帮助人更好地去适应新的环境，它是一个人智力表现的重要方面。

对于孩子来说，创造力是他的天性，孩子有没有创造能力主要是看父母能否正确地引导、开启孩子的创造力。比如，当孩子觉得自己可以把玩具改造成另外一个造型的时候，他就会动手去做，这就体现了孩子的创造力。这个时候，如果父母对其"改造"可以用赞赏的眼光去看的话，就是在开启孩子的创造性；如果父母用反对的态度对待孩子的"改造"，认为孩子在毁坏东西的话，就是打击孩子的创造性。

总之，如果你不能很好地关注孩子的创造性，那孩子的创造性很可能慢慢消失。其实，每个孩子都可能成为富有创造精神的天才，关键就在于父母的培养。

父母这样做

第一，让孩子敢于怀疑，多问"为什么"。要想让孩子提高自身的创造力，就应该让孩子敢于怀疑，遇到事情的时候多问"为什么"，因为没有怀疑就没有科学。

第二，培养孩子的好奇心，激发孩子的创造力。每个孩子在遇到自己所不了解的事物时都会产生一种好奇心，也都有着强烈的求知欲望。父母如果能够注意保护孩子的好奇心，并且能够适时地利用孩子的好奇心，就能够激发孩子的创造力。如果孩子看见什么都见怪不怪、习以为常了，那也就不会有什么创造性了。

第三，为孩子建造一个充满创造性的家庭环境。对于孩子来说，环境可以加强其创造力的发展，当然，也可以抑制其创造力的发展。如果孩子能够生活在充满自由，可以自在地创造的环境中，那么，孩子就能将其创造力发挥得淋漓尽致。有关心理研究表明，一个人是否具有自由自在的创造环境，是其创造力发展的先决条件。也就是说，人们在进行创造性活动时，不希望因自己的行为和结果与众不同而受到嘲笑或干扰。只有这样，他们才能自由自在地继续自己的创造活动。

找到控制感，升级孩子的自控力 "存量"

01 培养孩子抵制诱惑的能力

情景案例

10 岁的儿子要求爸爸为他买一个臂力器，爸爸问他："你是'想要'，还是'需要'这个臂力器呢？"

"我想要。"

"对不起，你'想要'但不'需要'的物品，我不能满足你。"

听爸爸这样一说，儿子马上改口："我需要。"

"你为什么需要呢？"

"……"儿子无言以对。

"儿子，如果你说你学习要用一本字典，或者生活中必须要用某一件物品，爸爸会高兴地去给你买。但是，你想要某个物品往往是你不能抵制外物的诱惑，虚荣心驱使你这样做的。爸爸不能助长你的虚荣心，所以不会满足你的这种要求。你能听明白吗？"爸爸一本正经地给儿子讲道理。

儿子没得到臂力器，虽然很不高兴，但仍然点了点头。

心理分析

孩子的一些不良心理动机的形成，都与他们所受的"诱惑"有关。一旦不堪物质诱惑，就会迷失自己，可能会伸手索要、设法谋取，从而产生不良的行为，甚至还会走上犯罪的道路。

一位幼儿园的小朋友，非常喜欢幼儿园里的小熊猫。他禁不住诱惑，于是就悄悄地把它拿回了家。

15 岁少年因抵不住上网的诱惑，不满父母劝阻，对父母产生怨恨，并残忍地杀害母亲，砍伤父亲，踏上了不归路。

由此可见，一个孩子如果不能抵制外界的诱惑，就会迷失自己，从而误入歧途，甚至走向不归路。

面对诱惑，最重要的就是教会孩子懂得克制自己。只有这样，他们才不会迷失自己，沿着正途走向成功。

人的自制力，就是自我克制能力，就像汽车的刹车系统，只有动力系统没有制动系统，汽车就不能开到马路上去，开出去肯定要出事故。人也是这样，缺乏自制力，为所欲为是不行的。人的意志力表现在两个方面，决定达到某种目的，克服困难努力去做，这是一个方面。想做，但不允许做，不能做，须克制自己的欲望，也是一种毅力，这也是一种意志力。这种能力的培养不能只靠讲道理，还需要实际的训练。给孩子创造一些特定的情景，考验、锻炼孩子拒绝诱惑的能力。孩子如果表现出来成功拒绝诱惑，要及时予以肯定，让其体验成功的愉悦。反复这样训练，就会逐步强化自我克制能力。

父母必要的管理和限制也不能忽视。当今社会确实诱惑太多，需要具有很强的克制能力，如上网聊天、玩游戏等，很多孩子出事与这些有关，有的因为缺乏这种克制的能力而误入歧途。父母要采取有力措施，加强管理，不能放任自流。

对孩子抵抗诱惑力的培养，不是一蹴而就的，而是需要长时间做工作。在平时，父母既要承认和满足孩子的一些要求，又要控制某些不良欲望的无限膨胀，提高孩子对金钱物质的抵抗力，让孩子健康成长。

🏃 父母这样做

第一，要让孩子不盲目攀比。讲清这样一个道理，人的要求应受客观条件的制约。在丰富的物质世界面前，在各种诱惑面前，一个人应考虑家庭经济条件。教育孩子不搞盲目攀比，让其养成勤俭节约、艰苦奋斗的优良品质。

第二，培养孩子良好的心理素质。一般来说，抗诱惑能力差的孩子缺乏自主意识，自控能力不足，大多具有"见异思迁""见好就爱"等不良的心理倾向。对此，父母要帮助孩子提高分辨能力，认识到贪欲的危害性，使其懂得哪些要求是合理的，哪些要求是不合理的，做到不为外物所动。

第三，满足孩子合理的需要。在条件允许的情况下，应尽量满足孩子合理的需要，一时解决不了的应向孩子做出解释。对孩子抗诱惑力的培养不可能一劳永逸、一蹴而就，需要父母长时间的引导。

第四，引导孩子增强对诱惑的免疫力。孩子都有攀比的心理，他们年龄小，生活阅历不深，不可能建立起对事物的正确评价标准。所以，父母要及时、有效地引导孩子，帮助孩子改掉虚荣、乱攀比的坏毛病。父母如果能给孩子传输一些积极、正确的价值观和道德观，孩子就会变得"百毒不侵"，从此对一切诱惑都"免疫"。

02 要学会管理自己

情景案例

孔先生的女儿今年十岁了，他说："最让我担心的，是女儿那个磨蹭的坏习惯。每天放学回到家后，她总是慢悠悠地从书包里拿出书，接着摆在桌子上，然后又磨磨蹭蹭削铅笔。就那么点事，她能用去30分钟。有一天，女儿放学回到家，我和她妈妈都出去了。没有了大人在旁边的唠唠叨叨，女儿更是放肆了，刚写不到几分钟的作业，就开始去找零食吃，吃完后又看了一会儿电视。然后再拿起笔，写了没多长时间，就又打开音乐，边听边写，慢慢悠悠，写写停停，停停写写。本来一个小时就完全能做完的作业，结果写了三四个小时。"

心理分析

上述事例中的父母正是没有培养孩子自我管理的好习惯，而导致现在孩子没有自控能力，凡事要有父母的催促才可以完成。培养孩子自我管理的好习惯，父母不能急于求成，要从点滴做起。比如，培养孩子做任何事情都要有头有尾，这是很重要的。一般小孩子从小做事情，开始时凭热情，做得挺好，但最后不了了之。父母在这时要引导他们，结果可能是好，也可能是坏，但你总得把这件事做完。父母可以让孩子从许多的实践机会中培养，比如完成每一次作业，完成父母交代的一件家务事……都要认真地从头到尾把它做完。这样当孩子长大了，遇到困难时，就会克服挫折；顺利的时候，也不会盲目地高兴，半途而废。时间一长，相信孩子就能养成自我管理的好习惯。

孩子随着年龄的增长、能力的提高、活动范围的扩大，逐渐会意识到需要管好自己，也就是自我管理。但是，许多孩子由于经验太少，缺乏自我约束的意识，在自我管理上往往表现得不尽如人意。良好的习惯是人生中重要的"链环"，它将伴随理想之舟驶向彼岸，会伴随孩子在人生之路上驰骋。这也正是要在生活中培养孩子养成自我管理的好习惯的重要原因。

父母若能从小培养孩子自己的事情自己做、自己的东西自己管、自己的生活自己安排的自我管理习惯，会增强孩子行动的独立性、目的性和计划性，这对于孩子今后生活的幸福和成功无疑是有巨大的帮助的。

孩子的自我管理，有个从被动到主动、从低级到高级、从不自觉到自觉的发展过程。随着年龄的增长和年级的升高，孩子的自我意识水平也不断增强，孩子的自我管理能力及自我管理水平也随之提高。

孩子能不能管好自己，这是自我管理能力中最重要的。如果孩子无法管理自己的生活起居，很难想象他能够管好其他事情。中国的很多父母往往对孩子照顾有加，使孩子常处于"中心地位"：东西乱扔了，大人来收拾；衣服穿脏了，大人立即洗。这样的孩子一旦离开父母就无法生活了，孩子的未来是让人担忧的。这给现在的父母一个警示：要从小培养孩子自我管理的习惯。

在日常生活里，父母要教孩子应该注意一些微不足道的习惯，让他们明白这些习惯会使他们成为不受欢迎的人。他们这些微不足道的缺点会像那遮住明月的乌云一样，掩盖他们原有的美丽与皎洁的光辉。比如，一些小动作、遇到困难就退缩、做事拖拉等都是影响孩子形象的坏习惯。

良好的习惯并非一朝一夕就能养成的，良好的习惯是一切成功的钥匙。坏的习惯是通向失败的敞开的门。孩子小的时候，自我管理的能力是较弱的。要让孩子从小养成好习惯，必先让孩子学会怎样管理好自己，"自我管理"才有了根基。

学会自我管理，是孩子养成其他好习惯的首要条件。心理学家通过研究发现，男女老幼各行各业的人们都易受到惰性的影响，而这也正是缺乏自我管理能力的主要表现之一。因此，我们要让孩子养成自我管理的习惯，首先就需要让孩子克服自身的惰性。这种好习惯将使孩子们受益终身。

父母这样做

第一，教会孩子管理自己的生活。有了这种独立、不依靠别人的习惯，孩子才会适应在现代社会环境中的激烈竞争。

第二，教孩子学会管理自己的学习。父母应该注意，不要替孩子做作业或者检查作业，孩子应该自己去做这些事情。一旦父母帮助孩子检查作业了，孩子不但自己不检查作业，反而觉得这是父母的事情，对学习的兴趣也会降低。

第三，让孩子学会管理自己的情绪。父母可以和孩子达成一种协议，当孩子在气愤、想发泄时，父母用某种事先约定好的语言或目光暗示孩子，让孩子及时冷静地想一想，考虑如何文明地表达自己的意思，从而改掉不文明的语言习惯。

03 做自己情绪的主人

情景案例

浩浩上小学三年级，学习成绩很好，但人缘很糟，同学们都不喜欢和他玩。他经常发怒，动不动就打同学。如果自己考试成绩稍不如意，他就打自己或者用手捶墙。上课时，如果老师没叫他回答问题，他还会质问老师为什么没叫他。

一次英语课上，老师安排大家自由组合做英文游戏。游戏期间，和他一组的同学就向老师告状："浩浩打人！"浩浩也据理力争，老师在调解时，浩浩居然使劲打自己的脸。老师虽然及时制止，但浩浩还是流了鼻血，同学们也都吓坏了。

经过老师的安抚，浩浩安静下来，并艰难地向同学道了歉。事后不久，老师了解到，浩浩在家经常挨父亲的打。父亲对他要求很严，浩浩做得稍有不妥，父亲就用棍棒相向，而且有几次居然把自家的扫帚打断了。而浩浩在父亲面前表现得极其温顺。

父亲在打浩浩的时候，家庭肯定充满了愤怒与惊恐的气氛。浩浩从小感受到父亲是用暴力处理情绪的，所以，当浩浩面对与同学的矛盾或不如意时，自然会用同样的方式表达心情。他不知道什么是控制情绪，什么是发泄情绪，他只知道要这样表达，因为他的父亲没有示范给他其他的方式。

心理分析

孩子小的时候是不懂得所谓的"情绪"的，因为父母的言行对他而言就是输入和储存的过程，必要的时候就这样输出就可以了。所以，父母如果经常给孩子输入平和的程序，并且面对孩子的问题都会冷静处理的话，孩子在遇到不如意时也不会放纵情绪，没有情绪的发泄，又何须控制情绪？

儿童教育学的最新研究指出，6 岁以前的情感经验对人的一生具有恒久的影响。如果孩子在性格上表现出急躁、易怒、悲观、具破坏性，或者孤独、焦虑，对自己不满意等，会很大程度地影响孩子今后的个性发展和品格培养。

所以，作为父母，有一项很重要的工作就是及早重视孩子的情感要求并对孩子情绪做出正确的引导，帮助孩子认识、了解和控制自己的情绪，学会理解他人。

情绪调控能力是情绪智力的重要品质，能及时摆脱不良情绪，保持积极的心境。幼儿期是情感教育的黄金期，帮助幼儿形成初步的情绪调控能力是幼儿情感教育的目标之一，也是幼儿情感教育的重要内容。幼儿的初步情绪调控能力主要表现在两方面：一方面表现为幼儿能对自己情绪中那部分对人对己可能产生不良影响的情绪冲动加以适当调控，如孩子对任性、执拗、侵略性、攻击性等偏颇情绪的适当调控；另一方面表现为幼儿能适当地调节情绪，并常常鼓励自己保持高兴愉快的心境。概括来说，就是既有控制，又有宣泄，把情绪调控在一个与年龄相称的范围内，以促进情感的健康发展。

总的来说，幼儿的情绪调控能力是比较薄弱的，主要表现为幼儿情绪的易激动性（易于爆发激情）、易感性（情绪易于为周围事物所左右）和易表现性（内心体验和外部表现的一致性）。情绪调控作为幼儿社会性发展的重要内容，并不一定随年龄增长而提高，其发展更多是教育培养、教育环境影响的结果。情绪调控同知识系统与认知能力一样，是一种必须通过学习才能掌握的知识和技术，而它的学习又不同于认知教育，它更多地强调感受、感知、体验、理解和反应，在教育过程中更多地强调情感经验的积累。所以，从教育途径上，应更多地考虑周围情境的氛围以及整个教育方式的自然性。

家庭是以骨肉亲情为纽带形式的特殊社会组成形式。父母与子女之间有着特殊的情感关系，家庭是孩子的第一所学校，也是人生情感习得的启蒙学校，是人类情感最美好、最丰富的资源所在地。从个体情感发生上来看，儿童情感起源于父母的抚爱和家庭温馨氛围的熏陶，良好的家庭情感氛围是孩子形成初步的情绪调控能力的重要条件。一般来说，幼儿在家庭中，尤其在父母面前更容易表达其情绪和情感，不论愉悦还是忧伤，不论高兴还是愁闷，随时随地都会表现出来。这说明，在某种程度上，孩子在家庭中的情绪是不受抑制的，是自由奔放的，原因就在于特殊的家庭情感氛围。父母与孩子之间的血缘亲情使父母与子女之间有较高的亲和力，孩子的情绪表达（主要指不良情绪）一般不会招致惩罚或其他严重后果。而在社会氛围中儿童情感表达会受到一定程度的抑制，无端地发泄情绪容易受到惩罚或得到不好的评价，如教师的批评，伙伴们离他而去。其次，孩子在与他人交往过程中免不了会产生消极情绪，有时又因惧怕惩罚或因权威人物如教师在面前而控制着，孩子往往把积压的情绪带回家里，向父母发泄，从而使孩子的情绪得到某种微妙的平衡。人们经常会遇到这样一些情况，即孩子常因一些琐屑小事而跟父母过不去，大哭大闹，恐怕也有这方面的原因。正是因为如此，我们应充分发挥家庭在孩子情绪调控能力形成中的特殊作用，创设良好的家庭情感氛围，让孩子在潜移默化的实践和自然感受的体验中形成初步的情绪调控能力。

父母这样做

第一，认同情绪，表达情绪。通过沟通交流让孩子正确认识各种情绪，说出自己心里此时此刻真实的感受。平时，父母可以在自己或他人有情绪的时候，趁机引导孩子知道"妈妈好高兴哦""嗯，我很伤心"等，让孩子知道原来人是有那么多情绪的，我们还可以通过"妈妈很生气，因为……""我感到有点难过，因为……"来告诉孩子自己的情绪来源。同时，你也可以提问孩子："你是什么感觉啊？""妈妈发现你很生气、难过，能告诉我发生了什么事吗？"通过问题来引导孩子表达自己的情绪及发现自己情绪的原因，有利于提高孩子的情绪敏感度。

第二，体验情绪，洞察他人情绪。游戏在幼儿的心理发展中起着重要作用，要让孩子在丰富多彩的游戏活动中体验自己的情绪，感受别人的情绪，知道自己和他人的需要。我们可以通过说故事编故事、角色扮演和孩子讨论故事中人物的感觉和前因后果，以及利用周围的人、事物，来引导孩子设想他人的情绪和想法。从他人的情绪反应中，孩子会逐渐领悟到积极情绪能让自己和对方快乐，消极情绪会给自己和对方造成痛苦，不利于事情的解决。如果孩子在表达情绪与控制情绪之间取得平衡的话，便会控制对自己、对他人有伤害的消极情绪。

第三，学会乐观。积极的情绪体验能够激发人体的潜能，利于身心健康；消极的情绪会使人意志消沉，有害身心健康。为此，学会保持乐观的生活态度与情绪，对孩子来说是十分重要的。作为父母，要培养孩子乐观地面对人生，自己首先对生活要有一种乐观的态度。在教育孩子学会乐观地面对人生时，除了多与孩子交流，培养孩子的自信心之外，还有一个很重要的方面，就是首先父母要相信自己的孩子，给予鼓励和支持。

第四，适当发泄。人在精神压抑的时候，如果不发泄情绪，会导致身心受到损害。在悲伤时用力压抑自己，忍住泪水是不合适的。在愤怒的时候，适当的宣泄是必要的，不一定要采取大发脾气的方法，可以采用其他一些较好的方法。例如，在生气时，不妨赶快跑到其他地方，或找其他事情做，或者干脆跑一圈等，以分散注意力。

04　按时间办事

情景案例

刚读小学六年级的佳佳，在去年寒假可是好好地放纵了一次。她每天早餐用面包牛奶充饥，中午图省事随便吃点对付一下，每天巧克力、膨化食品、油炸鸡翅等零食不断，晚上约上同学山珍海味一顿……

与佳佳的经历不同，小明过上了"黑白颠倒"的生活，晚上变成"夜猫子"，白天便开始"冬眠"。小明平常上学，每天早上天蒙蒙亮就得起床。终于熬到寒假，头等大事自然是睡懒觉，享受一把"冬眠"的快乐。小明有不少同学都和他一样，在寒假里过上了黑白颠倒的生活。

还有军军，他趁着放假的时候，过够了"屏幕瘾"。每天起床就是开始玩电脑，到了中午吃饭的时候，还是一边看电视一边吃饭，吃饭完就躺在床上看影碟。之后，便是约上三五好友开始网络游戏……

心理分析

应该说，案例中的这几个事例在不少家庭中都曾经出现。学生假期的作息安排与上学时差别很大，是一个在孩子中比较普遍的现象。但是，孩子自己可能认识不到，假期生活过于放纵，一到开学，便往往调整不过来，造成上课时疲劳，注意力分散，影响学习效果。父母应当和孩子在假期开始的时候，一同制作一个日程表，让孩子有章可循。

每个父母都应该意识到，良好的作息习惯对孩子的身心健康起着极为重要的作用。而要养成良好的作息习惯，其中非常关键的一点就是要让孩子在适当的时间做适当的事。现实告诉我们，凡是那些能够按时睡觉、按时起床、按时就餐、按时学习、按时活动的孩子，大多是身体健壮、学习成绩优良、自理能力强的孩子。

　　从另一个角度看，良好的作息习惯是具有时间观念、效益观念的具体体现。父母要让孩子从小认识到时间是最宝贵的财富，要使孩子真正懂得时间与成才、效率与成功的关系。这一点是新型人才必备的基本素质。所以，良好的作息习惯的形成有利于孩子适应社会、适应时代的需求。

　　在孩子的作息时间中，学习时间一定要固定下来，父母必须规定孩子在一定的时间内进行学习。中小学生的作业一般需用一个小时左右，周末的作业量会多一些。父母应该事先与孩子商量好做作业时间、中间休息的时间，然后按规定进行。规定孩子在一定的时间内必须学习会使孩子具有一定的紧迫感，集中注意力，从而提高学习效率。

　　孩子上学以后，必须要有充足的睡眠时间。早晨要给孩子安排好吃早饭的时间。现在，一般学校都安排了下午课后管理班，由老师辅导孩子完成作业。放学回家以后，要问问孩子是否完成了作业，让孩子洗洗手，喝点水，少量吃点水果，稍加放松。如果孩子还有没完成的作业，让他首先完成作业。如果孩子已经写完作业，让孩子再认真地检查一遍。在父母做饭的时间，可安排孩子看动画片，看课外读物，玩室内外游戏……晚饭后，父母可检查一下孩子的学习情况，如听听孩子读书，听写一些语文字词，练一些数学口算题。等孩子上中、高年级以后，再让他们学会预习第二天的课程。最后，要让孩子看课程表、记事本，再回忆一下老师还有什么要求，准备好第二天的学习用具，洗漱后就可睡觉了。

与规律相结合的同时，父母尽量不要在正常的作息规律内再给孩子安排其他的活动，以免让孩子反感，也会打乱正常的作息规律。

父母这样做

第一，教孩子有效利用黄金时间。每个人都有生物节律，孩子也是如此。孩子常常会有这种感觉：在相同的时间段，心情好的时候学习效率就高，情绪不稳定的时候，学习效率就低；在一天当中，早晨和夜间学习效率高，下午和傍晚学习效率低。由此可见，孩子的学习往往存在一个最佳学习时机。

第二，给孩子玩的时间。许多父母认为，孩子由于作业做得太慢而没有了玩的时间，因此就不断地催促孩子、埋怨孩子，甚至惩罚孩子更长时间地学习。其实，孩子是因为父母把自己的时间安排得满满的，完全没有自己支配的时间，才会不珍惜时间，才会拖拖拉拉的。在这种没有希望、没完没了的学习过程中，孩子的心态是消极的，没有目标，没有兴趣，往往心烦意乱、错误百出，时间又拖得很长，结果造成了恶性循环。

第三，避免不必要的干扰。如果孩子已经能够在一定的时间内保质保量地完成学习任务，父母就应该及时给予肯定和鼓励。当孩子没有按规定去做时，则必须给予应有的惩罚。

05　让孩子告别网瘾

情景案例

刘先生的儿子曾非常出色，学习成绩好，同学佩服，老师喜欢，父母也为他骄傲。

但上初一时，儿子迷上了网络游戏，成绩下降。刘先生非常着急，眼见劝说无效，便动手打了孩子，引起孩子更大的抵触，刘先生深感苦恼。为寻找解决问题的方法，刘先生去图书馆查阅有关家庭教育和青春期孩子心理方面的资料，感到很有收获。他反省自己，儿子进入青春期后，与父母交流少了。自己除了关注儿子的学习成绩，保证他吃饱穿暖外，其他方面很少关心。

从这以后，刘先生每天尽量早点回家和儿子谈心，每个星期还和儿子定期地出去参加一些体育运动。随着关心和交流的增多，儿子的上网时间逐渐减少。

这样坚持了一年，孩子的学习成绩稳定了，各方面情况正常。虽然孩子还玩电脑，但不再耽误正事。暑假期间，姥姥生病，他去照顾了一周，没有摸电脑，姥姥夸他很会照顾人。刘先生感觉很欣慰。

心理分析

信息时代，网络无处不在。作为当代青少年，他们利用网络获取了大量资源和信息，开阔了视野。但也有一些人经不住网络的诱惑，上网成瘾。如有的学生沉迷网络游戏、上网聊天，甚至上黄色网站，像着了魔一样没日没夜地泡在网吧里，导致逃学、辍学、偷窃、伤人，最后走上了犯罪的道路。医学研究发现，终日沉迷电脑网络，往往容易导致网络心理病，医学上称"互联网成瘾综合征"。

据中国青少年网络协会提供的数据，目前，城市上网小学生比例为25.8%，初中生为30%，高中生为56%。据统计，患网络成瘾的青少年网民高达15%。网络这把"双刃剑"正在无情地吞噬着青少年的身心健康，他们由于特殊的人格特征和心理需求，从而成为网络成瘾的高发人群。越来越多的青少年对互联网产生依赖感，并达到成瘾的程度。它像酗酒、吸毒和赌博等不良嗜好一样，对人们的工作、学习和生活产生破坏性影响，从而影响正常的社会生活功能。

上网成瘾的主要原因有三个。一是好奇心。青少年有一种天然、自发的积极探索外部世界的心理倾向，网络游戏吸引、诱惑了一些人的好奇心，使其一发不可收拾，沉迷其中不可自拔。二是心理不成熟。由于学习压力和人际关系等原因，导致青少年处于一种心理的苦恼期，上网聊天、交友、网恋，成为得以宣泄和求得理解的方式。三是个体性格缺陷和不恰当的家庭教育方式，如缺乏自信、敏感内向、父母溺爱或者忽视、强迫孩子，都会使孩子容易受到网络的诱惑。四是青少年的心理自控能力差，一旦上网成瘾，则很难戒掉。

网瘾是一种比较强烈的习惯，是一种认识问题。在了解了孩子的网瘾成因后，要解决孩子的网瘾问题，根本的途径就是：家庭亲情＋素质教育。走进孩子内心，做好与孩子的心灵沟通是真正的科学戒网瘾办法。

父母这样做

第一，给孩子更多的关心。孩子沉迷于网络，最伤心的是父母。但许多父母并不知道，孩子的行为到了这种地步，其中许多原因是父母造成的。大多数父母平时忙于工作，对孩子的照顾只是满足于"吃饱了，喝足了，穿暖了，兜里有点零花钱"，对孩子缺少实际上的关心，导致孩子将大量的时间和精力花费在电脑网络上，是孩子患上"网瘾"的重要原因之一。面对沉迷网络的孩子，父母需要做的是，花更多时间关心孩子，把孩子从网络中拉出来。父母必须从关心孩子的现实生活开始，多关注孩子的情感需求，多关注孩子的心理变化，多帮助孩子解决学习和生活中的困难，多给孩子鼓励，多让孩子体验成功。孩子在现实生活中的满足感和快乐感增加了，他就不会再沉迷于网络而不愿自拔了。

第二，转移注意力，培养广泛的兴趣爱好。孩子一旦有了网瘾，就会一头扎进虚拟世界里，对网络以外的许多事情就会不再感兴趣。因此，在帮助孩子克服网瘾时，需为孩子寻找替代物转移他对网络的注意力。这儿所强调的是，有效的替代物是那些能够真正引起孩子兴趣、孩子自己喜欢做的事情。孩子对这些替代物感兴趣的程度和喜爱的程度直接决定了这种方法是否有效。培养孩子多种的兴趣爱好，对于克服网瘾也起着至关重要的作用。父母要丰富孩子的业余生活，鼓励他们平时多参加各种活动，如外出旅游，参加社会公益活动，参加体育锻炼等，培养他们对某种活动的兴趣，让他们从兴趣爱好中获得乐趣。孩子的注意力转移了，他们对网络的依赖也就减轻了。

06 帮孩子养成专注的学习习惯

情景案例

小丽是小学三年级的学生。有一次，她和妈妈在路上遇见了班主任老师。班主任老师向妈妈反映，说她上课时总不能和其他人一同按时完成课堂作业，好像跟不上似的。妈妈回来并没有批评她，而是同爸爸一起，仔细地观察她的学习习惯，分析原因。最终发现，出现这种情况的根本原因是由于她的不专心。于是，妈妈非但没有强迫她学习，反而叫她放学后尽情去玩，作业等妈妈下班回家后再写，但条件是必须在规定的时间内完成。由于要在妈妈规定的时间内完成，她就必须专心致志。于是，从那以后，她做功课不再东张西望，写字的速度也快了许多。而且直到现在，她在听课或者自习时都极少走神，做作业的效率也比较高。

心理分析

专注是孩子需要培养的一种学习习惯，它是一个人能高度集中于某一件事情的能力，是一项非常重要的心理素质。正所谓："书痴者文必工，艺痴者技必良。"每个父母都应该培养孩子较强的专注力，因为专注可以帮助孩子的学习，使孩子更聪明伶俐。

许多孩子学习成绩不好，实际上大多不是智力原因，而是孩子学习时不能专注、不能投入，总是在分心，因此精力分散，使学习达不到预期的效果。

有关专家做过调查，人与人相比，聪明的程度相差不是很大，但如果专心的程度不同，取得的成绩却大不一样。凡是做事专心投入的人，往往成绩卓著，而时时分心的人终究得不到满意的结果。

有两个学生拜弈秋为师学习下棋。其中一个学生每次听课都全神贯注，一心一意地听弈秋讲解棋道；而另一个学生上课时总是心不在焉，三心二意，极易被外界事物纷扰乱了心神。一次上课时，有一群天鹅从他们头上飞过。那位专心的学生连头都没有抬一下，浑然不觉。而心不在焉的学生虽然看着好像也在那里听，但心里却想着拿了箭去射天鹅。若干年后，那位专心致志的学生成了一名出色的棋手，而另一位却一事无成。

这个小故事告诉我们，一个人的精力毕竟是有限的，不能一心二用。我们要想做好一件事情，就必须全身心投入，决不能心猿意马。正如作家西塞罗所说："任凭怎么脆弱的人，只要把全部的精力倾注在唯一的目的上，必能有所成就。"因此，专注力的培养，对于孩子来说，是极其重要的。从小训练孩子的专注力，可以让孩子养成集中注意力的习惯。

专注于你所做的事就是成功的第一要素。一个专注的人往往能够把自己的时间、精力和智慧凝聚到所要干的事情上，从而最大限度地发挥积极性、主动性和创造性，努力实现自己的目标。对孩子来说更是如此，只有善于克制自己，把精力投入到学习中去，完成自己的职责，才有成功的希望。因此，在家庭教育中，父母要十分注重孩子专注力的培养。

父母这样做

第一，要求孩子在规定的时间内完成作业。在孩子学习的过程中，规定一个固定的时间段让孩子独立专心完成，不能边学边玩，避免丢三落四的习惯。只有保证专心做一件事情，才能在专注中保证学习质量。

第二，结合孩子的兴趣培养专注力。兴趣是最好的老师。不管谁在做自己感兴趣的事情时，总会很投入、很专心，孩子也是如此。孩子对事物的兴趣越浓，其稳定、集中的注意力越容易形成。生活中我们会发现，小孩子在做某些事情时总是心不在焉，而在做另一些事情时却能全神贯注、专心致志。因此，父母可以利用孩子的兴趣和爱好，培养孩子的专注能力。

第三，给孩子创造良好的学习环境。环境对孩子专注力的培养有重要的意义，并且直接作用于孩子的心理状态。孩子常会因各样的刺激物的干扰而出现专注力分散的现象，声音嘈杂的环境，杂乱无章的屋子，不正常的家庭生活，所有的这一切都严重影响着孩子的专注力。所以，父母要给孩子营造安静舒适的学习环境，给孩子专注做事的空间，给孩子独立做事的自由性。父母要控制好自己的嘴巴，不要去打断孩子，否则孩子的注意力就会转移或受影响，注意力就会大大分散。

07 改掉粗心的坏毛病

情景案例

爸爸妈妈经常说小志是"马大哈"，小志只当耳边风，这耳进，那耳出，根本就没有往心里去。不过，令人欣慰的是小志的学习成绩还不错，爸爸妈妈也只是说说而已，对小志还是挺放心的。

每天放学回家，妈妈都会问小志学校的事。小志总是报喜不报忧，只说好的，挨老师批评的事都不说。每年学期结束时，妈妈都会去学校开家长会，利用这个难得的机会，老师向妈妈告状，说小志经常不写作业，总挨批评，可还是不改。写的作业也因为粗心，错误很多，几乎每隔两天就要挨老师的一次批评。听了老师的话，妈妈知道小志对她撒了谎，很是生气。

回到家，妈妈生气地责问小志："为什么不写作业？"

"老师留的作业那么多，我都会了，就不想写了。"小志理直气壮地回答妈妈。

"会了？那为什么还写错作业呢？"妈妈见小志如此，继续追问道。

"你不是说我是'马大哈'吗？你都知道的，我就是粗心嘛！"小志带着撒娇的语气回答道。

"是粗心，还是不会？"妈妈见小志如此，态度稍微有些缓和。

"我感觉都会了，写的时候错了，我也不知道怎么回事。"小志很无奈地回答道。

"那为什么不说挨老师批评的事呢?"妈妈接着问道。

"我说了你又该唠叨了。我是'马大哈',有错也是意料之中的事。"小志继续说道。

"你还有理了?"妈妈有些生气地说道。

"我'马大哈'也有你的错,谁让我小时候你不帮助我改正呢?现在我想改都难了,你怪我也没用了。"小志把责任往妈妈身上推。

妈妈听了小志的话,陷入了沉思,也许她在想怎样帮小志改掉粗心大意、马马虎虎的坏毛病呢!

说来也巧,一次,小志上学又忘记戴红领巾了,妈妈没有给小志送过去。放学回到家,小志眼泪汪汪地对妈妈说道:"妈妈,今天因为我没戴红领巾,班上被扣了一分,同学们都责怪我。"

见此,妈妈趁热打铁地说:"那以后你可得把该带的东西整理好了!"

小志点了点头。这以后,小志晚上做完了作业,总是认真地收拾书包,嘴里还念念有词:"钢笔、尺子、红领巾……"说来也怪,自那次小风波以后,小志像变了一个人似的,做事有条理多了,再也不丢三落四了。

心理分析

案例中,这位妈妈的做法看似很无情,却起到了意想不到的效果。由于妈妈不给孩子送红领巾,致使孩子遭到了同学的责怪,之后就记住了,也从此慢慢改掉了做事没有条理的习惯。由此可见,对于蜜罐里泡大的孩子,有时候小小的惩罚也能起到意想不到的效果!因此,父母一定要发挥自己的聪明才智,采用正确的方法来帮助孩子,尽量减少其由于粗心造成的失误。

很多孩子总是丢三落四、粗心大意,父母很是苦恼。那首先我们来分析一下孩子粗心的原因。

一是孩子注意力不集中。有的孩子从幼儿期开始，父母就不注重对孩子注意力的培养，孩子经常一心二用，从而形成了恶性循环，进而导致孩子做事情时总是无法集中注意力，漫不经心，丢三落四。

二是父母包办孩子生活。当孩子遇到问题时，父母总是事事都为孩子考虑周全，在孩子前面解决掉一切问题。久而久之，孩子就养成了依赖性，什么也不用考虑，进而导致马虎、粗心等坏习惯的养成。

三是受到心理因素的影响。心理不稳定、容易激动和紧张也是孩子粗心的原因，这也就是大家平时常说的"心理素质差"。比如，在考试的时候，有些孩子就是因为太紧张而粗心，从而出现了不应该出现的错误。

孩子粗心、马虎、丢三落四的毛病，不但会影响他的生活，还会影响他的学习成绩，甚至有可能影响他将来的工作。

"细心也是一种能力。"这句话正中要害，自我感觉聪明的孩子就怕被别人说自己能力差。一旦孩子意识到"细心是一种能力"，他就再也不会轻视这个问题了。

相比粗心的孩子，细心的孩子更容易取得成功。因此，父母应该从小就培养孩子细心。这不仅需要对孩子表现出来的细心给予真诚的赏识和赞扬，也要在生活中支持孩子去观察事物，逐渐养成孩子善于观察、细心观察的习惯和能力。

父母这样做

第一，通过游戏的方式来改变孩子粗心的毛病。这是一个非常好的方法。但游戏要生动好玩，才能吸引他的注意力。同时，要激发他的好胜心，鼓励他，而不要用打击的方式，以免引起孩子的反感和抵触情绪。

第二，制定惩罚措施。如果孩子因为粗心而导致某件事情没办好，父母可以对他进行一点小小的惩罚。如少看一会儿电视，或者罚他背几段有关粗心的格言与小故事等。

第三，父母的榜样作用。要改变孩子粗心大意的毛病，父母需要让孩子在生活中体会细心的好处。如果你的朋友中有人从事精密、细致的工作，你不妨与他们联系好，带上孩子去看看他们工作的情景，让孩子能受些启发。同时，父母还可以让孩子多做些细致活，如练习毛笔字、剥毛豆等，以此来提高孩子的细心程度。

第四，努力让孩子的生活有序。孩子有粗心的毛病也是从小逐渐形成的。试想，如果孩子从小就生活在一个无序的家庭中，没有一定的作息时间，东西可以随处乱放，如何能要求孩子没有马虎的行为呢？因此，妈妈应该重视这一点，做什么事情都要有规矩，不要随心所欲，东西摆放要整齐，让自己的家里有一个良好的氛围。一旦孩子在生活上养成了有规律的习惯，就一定能摒弃粗心的毛病，变得细致认真起来。

08 养成做事不拖沓的好习惯

情景案例

莉莉是个让人心急的"小磨蹭"，做起事来总是慢吞吞的。不论吃饭、穿衣、洗碗，还是画画、写字、做游戏，她都是边玩儿边干，磨磨蹭蹭。让她自己洗一次脸得用半个小时。每当需要为某些事做准备时，比如上学、洗澡、去亲戚家，如果妈妈不催她，不冲她大叫"现在就做"，她是绝不会准备好的。妈妈也曾试了好多方法，但效果都不理想。

心理分析

孩子爱磨蹭，好像是一个很普遍的现象，吃饭磨蹭，收拾玩具磨蹭，写作业磨蹭，去上学磨蹭，回家磨蹭……明明是很快就能完成的事情，到他们手下却会一拖再拖。有时候父母急了，催促得狠了，孩子还会闹情绪，搞得亲子关系很紧张。那么，孩子到底为什么会爱磨蹭呢？

原因之一，孩子是天生的慢性子。正所谓"江山易改，本性难移"，有些孩子做啥都很慢，可能是因为他们的神经天生就属于比较安静和缓慢的类型。所以，不管是多强烈的外界刺激，孩子的行动都是慢条斯理的。这种先天的气质可能不太容易改变。

原因之二，孩子的时间概念比较差。和成年人对时间概念的有效把控不同，很多孩子的时间概念都是比较模糊的。他们总是只看眼前的事情，而并不在意如果没有在某个时间点以前做成某件事会有什么后果。

原因之三，孩子注意力无法集中。很多父母都有这样的经验：正吃饭呢，旁边一个小皮球滚过，孩子就立刻跑去捡球了；正画画呢，家里某个人打开电视了，孩子就会立刻丢下画笔跑去看电视。这是因为，这一类孩子的注意力太容易被转移了，所以他们集中精力快速完成一件事情也就比较困难了。

原因之四，动作笨拙，做起来不熟练。有些孩子爱磨蹭并不是故意的，而是因为他们的感觉统合能力比较差，动作比较笨拙，所以做起事情来，尤其是做一些操作性的动作时会比较吃力。比如，在很多人看起来非常随意的穿衣洗漱，可能对他们来说就是不太容易掌握的技巧，所以做起来也会比较慢一些。

原因之五，孩子在向爱磨蹭的父母学习。有些父母经常抱怨孩子做事磨蹭，却根本没有意识到，其实自己平时做起事情来也是拖拖拉拉，没有效率的。正是他们的这种"榜样"作用，才促使孩子也跟着慢慢学会了爱磨蹭的坏习惯。

原因之六，父母事事代劳，会加剧孩子磨蹭。有些孩子的磨蹭是被父母给惯出来的。比如，孩子正在整理书包呢，你觉得他整理太慢了，于是就抢过来帮他整理。结果，孩子就变得越来越有恃无恐——反正自己做不好妈妈也会帮自己做好。你想，这样一来，他们还有动力自己快速完成自己的事情吗？

由此看来，孩子磨蹭的原因真的很多。对于做事拖拉的孩子，不少父母总是心急如焚，一味地批评甚至打骂绝对不是好方法，孩子的慢性子并不是天生的。所以，我们要对症下药，逐渐帮孩子改掉拖沓的坏习惯。

父母这样做

第一，为孩子树立合适的竞争对手。父母可以帮孩子设定处理事务的竞争对手，甚至可以直接把自己作为孩子的比赛对象，利用孩子的好胜心理加快处理事务的效率。

第二，让孩子为自己的磨蹭付出代价。孩子只有在体会到磨蹭会给自己带来损失之后，才能自觉地快起来。因此，让孩子为自己的磨蹭付出代价，让孩子自己去品尝磨蹭导致的后果，不失为一个改掉孩子磨蹭毛病的好方法。通过小小的惩罚，孩子就会尝到磨蹭给自己带来的害处，下次犯规的机会自然会逐渐减少。

第三，对孩子多鼓励和表扬。鼓励和表扬是对待孩子最常用也非常有效的方法。当孩子在处理事务磨蹭、拖沓时，我们给予的不应该是批评和责骂，而是更多的鼓励和表扬。在赋予孩子更多的自信心和希望的情况下，相信任何奇迹都有可能会发生。

父母要经常对孩子说："你看你做得多快！""做得真棒，加油啊！""真好，现在用不着老提醒你了！"这样一来，孩子便会受到正面的外部刺激。孩子为了不让父母失望，下次做事就会有意识地提醒自己快点儿。另外，为了使孩子更有动力，当他做事的速度比以前加快时，或者当他达到了大人的要求时，父母还可以适当地给予一些物质奖励。比如，给孩子加一个小红星，带孩子外出游玩，给孩子买他想要的玩具等。用鼓励和奖赏来"催"孩子做事，往往能收到很好的效果。

Part3

摆脱依赖，性格独立的孩子才能掌握人生

01 培养孩子的生存能力

情景案例

可可是家里唯一的孩子，但是父母从来不娇惯她。

从她半岁开始，父母就开始教她如何穿衣服；在她1岁的时候，父母就已经不再帮她穿衣服了，并且指导她如何整理自己的房间。等到她3岁的时候，她已经基本养成了自己的事情自己做的好习惯。

可可上学后，父母送过她半年。在这半年里，父母告诉她独自上学应该注意些什么，如如何识别坏人、遇到坏人该怎么办、如何过马路等。半年后，父母便不再送她了。但是，父母总是掐着时间给可可的老师打电话，询问孩子是否安全到达。虽然在别人看来，可可的父母在做一件比送孩子上学还要辛苦的事情，但父母认为这是值得的。

可可8岁的时候，第一次参加了夏令营。父母没有陪同前往，但事先将夏令营的全部情况都了解得清清楚楚，直到确定夏令营的组织、运作都比较成熟后，他们才放心让孩子报名。在参加夏令营的过程中，父母也经常给组织者打电话，询问女儿的情况。但对于女儿的哭诉，父母却只有一句话："坚持下去，宝贝。"

心理分析

面对竞争日益激烈的现代社会，如何让自己获得生存与发展的空间，是每个孩子应该从小就懂得的事情。

1993年，著名教育家孙云晓发表了一篇报告文学《夏令营中的较量》，主要内容是描述中日两国百名小朋友，在中国内蒙古乌兰察布市草原进行的夏令营探险的情况。在这篇报告文学中，孙先生指出了中国小朋友在生存能力上的缺陷：不能吃苦，一点小病痛便使他们却步，缺乏环保意识等。这反映了中国父母娇宠孩子，舍不得让他们吃苦的教育弊端。

此篇文章一石激起千层浪，引发了国内关于"家庭教育"以及"孩子生存能力培养"的大讨论。可是，很多年过去了，中国的孩子仍然是弱不禁风。

2004 年 8 月，中国、韩国、日本三国举办青少年国际草原探险夏令营活动。日本少年个个身背巨大的行囊，显然此前已经做足了准备，把野外生存条件的艰难想到了极尽。当地随行人员看到日本小孩瘦小的身体却背着与其不相称的包裹，想要帮忙，日本小孩觉得受到了侮辱。同行的中国孩子却叫苦不迭，队伍中手机铃声不断，全部都是中国孩子在向父母诉苦。

近年来，随着物质生活条件的不断提高、独生子女数量的激增，父母溺爱孩子的现象更加普遍与严重，使得孩子的生存能力进一步弱化。在孩子生存能力日益退化的今天，许多父母却还沉浸在溺爱孩子的愚乐之中。他们以为，将孩子捧在手心里，为他们挡去外面的风风雨雨，便是爱孩子的最好方式；他们以为，孩子长大后，便能够自动掌握生存、发展所需的各种技能。当孩子终于长大了，他们才恍然大悟，孩子竟然还像刚出生时一样，什么也不会。

生存能力是每个孩子都应该掌握的基本技能，也是他们生存在这个世界上的必要条件。如果一个孩子不知道如何生存，又如何谈到全面发展自我，取得人生的成就呢？而培养孩子的生存能力，是一个长期、循序渐进的过程。而父母的教养方式，在极大程度上决定着孩子生存能力的高低，这是父母必须深思的。

"少年智则国智，少年强则国强，少年雄于地球，则国雄于地球。"培养孩子的生存能力，不仅有益于孩子的个人发展，更决定着祖国与民族的未来。

父母这样做

第一，培养孩子的自理自主能力。自理能力是生存能力的起点，一个连自己的事情都处理不好的人，又如何在社会上生存下去呢？在平时的生活中，父母不仅应该教会孩子如何打理自己的生活，如洗衣服、收拾房间、整理书桌等，还应该指导孩子在一些事情上独立做出自己的判断与选择，如是否参加夏令营活动等。当然，在这个过程中，父母也不应该忘记自己的监督职责，但不应过度干涉。

第二，培养孩子的社交能力。社会是由形形色色的人组成的。当孩子懂得如何生存在人群之中时，那么他适应社会的能力便能提高。因此，父母应该让孩子广交朋友，让他从小学会如何与各类人打交道。在平时的生活中，父母可以引导、鼓励孩子多交朋友。例如，父母可以对犹豫着是否应该上前搭讪的孩子说："想想如果你是他，应该很高兴有人想与自己做朋友吧。"当然，父母也可以为孩子创造一些交友的机会，如鼓励他们参加夏令营等集体活动。

第三，教孩子掌握基本的生存技能。生存技能是指面临现实的生存问题时所应当具备的基本技巧与能力。不同的生存环境，对人提出了不同的生存技能要求。例如，父母应该尽早教孩子使用煤气灶、高压锅和洗衣机等家用电器，让孩子尽早懂得榔头、螺丝刀、钳子、锉刀、扳手等工具的用途和操作要领，并鼓励孩子在日常生活中经常使用。同时，父母也应该告诉孩子社会上的一些常见骗局和陷阱，告诉他们识别与逃脱的技巧。

第四，让孩子学会运用法律。"人不犯我，我不犯人；人若犯我，我必犯人。"许多父母将这句话当作解决人际纠纷的金科玉律，殊不知在一个和平的年代里，这种带有"报复性"的做法，将是害人又害己的行为。因此，从小培养孩子运用法律来解决纠纷的意识，将有助于他们将来更加理性地解决纠纷。平时，父母可以多带孩子去旁听一些案件，用活生生的事实，培养孩子的法治观念，引导他们运用法律的武器，来解决人际纠纷，实现个人利益与社会利益的最大化。

02 学会和孩子保持距离

情景案例

小小是独生女，而且聪明伶俐，长得也漂亮，是父母的掌上明珠。只不过父母怕她和别的孩子交往学坏了，总让她一个人待在家里，也不允许女儿把伙伴或同学带回家来玩。于是，小小就只能一个人在家里学习和玩耍。时间久了，她经常感到孤独和乏味，很想念小伙伴们。后来，她为了能和小伙伴们一起交往，开始制订并实施自己的计划，其中就包括偷钱买玩具送给伙伴，以收买的方式换取他人的亲近和好感。如此一来，父母当初保护孩子的举动却酿成了现在意想不到的恶果。而小小的错误心理正是因为父母把她管得太严、贴得太近，给予孩子过多的爱，反而挤压得孩子没有任何属于自己的活动空间。

心理分析

孩子年幼时，父母照顾孩子的饮食起居是合情合理的。但在现实中，却经常可以看到已经有自理能力的孩子心安理得地接受父母的服务：孩子换衣服，父母帮忙脱衣服、换鞋；孩子吃水果，父母帮忙削皮；孩子喝水，父母给倒好放到眼前；孩子吃饭，父母把最好的菜放在孩子跟前……父母恨不得把孩子抱在怀里，永远不让孩子受一点点苦难和危险。这样保护过度的结果是害了孩子，让孩子一生碌碌无为，甚至心理出现严重障碍。

事实上，父母给予孩子爱和关怀的同时，也要和孩子保持一定的距离，才能让孩子从中受益。距离太近，爱子太切，或许就会变成孩子的灾难和痛苦。父母为孩子提供一个自由而安全的环境是非常必要的。

当然，父母事先不可能把事情都考虑得非常周到，而且也不可能排除所有隐患，因而在孩子活动时，父母最好能把他们置于自己的视野之内。即使出了什么事情，也好及时发现，给予照顾和保护。

但是，在不太可能发生危险的情况下，有些父母仍寸步不离地守着孩子，这种对孩子的过分呵护是有害无益的。有些父母想方设法去预防事故的发生，他们过于谨慎、忧虑，并且时时夸大危险，这会使孩子对环境产生不必要的恐惧感。久而久之，孩子就会变得胆怯、畏缩、依赖性强。这种做法将阻碍孩子对环境的适应能力的发展，对其日后的学习和智力发展很不利。

有时，跟孩子保持一定的距离，不要贴得太近，并非是坏事。鸟儿长大了，有自由飞翔的蓝天！孩子长大了，要脱离父母的怀抱！虽然有些父母明白这个道理，但在生活中、学习中，还是有意无意地把孩子揽入怀中。有些父母也经常用自己小时候近似放羊的学习生活状态来影响教育孩子，但毕竟不同年代存在着社会状况的巨大差异，致使孩子很难受到有效的教育。

很多例子都说明，父母和孩子贴得太近，给予孩子过度的爱，是在害孩子。孩子在父母严实的保护下，胆小怯懦，个性孤僻，遇事退缩，一旦踏入社会，他们就会害怕与人交往，害怕竞争，害怕承担风险，害怕别人的非议，害怕社会环境的变化……父母对孩子专制、包办的爱，造成孩子缺乏独立意识和独立能力，妨碍了孩子生理和心理的健康成长，最终使孩子一事无成，抑郁寡欢。

要避免这种伤害的发生，父母就要放开孩子的手，给孩子一定的距离和空间，让孩子在经历风险、挫折以及各种困难的过程中，逐渐具备自己的胆量、意志力、独立性和自信心。很多父母过多地管束孩子的行为，从穿衣戴帽，到择朋交友，都要加以指导。在这种管制下，孩子所滋长的不是自信心，而是对父母的依赖和对自己的怀疑。这样的孩子只有软弱性，没有坚强的品质。当他们日后走入社会独立生活时，暂时的困难和挫折就能把他们击倒。

父母和孩子距离太近，双方都会因此缺少各自的回旋空间，而成长中的孩子内心更强烈地希望独立，过近的距离可能会扼杀孩子的独立性。孩子的未来是一片未开垦的处女地，需要他们拥有一股拓荒者的勇气与自信，而不是恐惧与畏缩。所以，为了孩子能够健康成长，将来更好地面对生活，在激烈的社会竞争中立于不败之地，父母现在就要远离孩子，看着孩子自己去做事，并及时给予信心和鼓励，为孩子一生的成长奠定坚实的基础。

父母这样做

第一，给孩子留足物质空间。比如一间书房、一间阁楼、一个阳台，把那里变成闲人免进的自由天堂，让孩子在里面随心所欲地涂鸦，折腾，做白日梦，称王挂帅。让兴趣爱好滋润孩子心田，让奇思妙想鼓动孩子双翅，让游戏玩耍预演孩子人生，让童年的梦境充满自由的空气与斑斓的色彩。

第二，给孩子留足心理空间。尊重孩子的隐私，不搞克格勃。从平等交流中获取信息，从民主气氛里沟通情况。说话做事讲求方式，以保护孩子的自尊为前提。对孩子成长中偶尔的失误，不必锱铢必较。对孩子行为上的偏差，不必忙着说教，给孩子一个自我反思自我调整的机会，必要时给予轻轻提点和提供具体的方法就好。

第三，给孩子留足交往空间。与人交往是孩子确立社会行为的模式的需要。要给孩子提供与人交往的空间，在选择交往对象上不要太过功利，太过狭隘，放手让孩子在与朋友交往中学习、探索，迈出走向人生的头一步。

第四，给孩子留足成长空间。不要好为人师，急于把现成的结论告诉孩子，让他自己去探索、去体验、去碰壁、去疗伤。挫折与失败中崛起的体验，会令孩子受益终生。

　　第五，给孩子留足自我主张的空间。孩子自己的事，让他自己思考、自己选择、自己决策。父母只做必要的引导提示，甚至不必管他。孩子最终是要走向社会的，任何父母也替代不了自己孩子的成长。所以，不要与孩子贴得太近，要与孩子保持合理的距离，将亲子关系调整到和谐自然，那样就足够了。

03 放手，让孩子独立

情景案例

世勋妈妈是一位私立辅导室的教师，尽管她一直都在家中工作，但因为要教育其他孩子，没有时间照顾儿子世勋。有一天，世勋被木刀划伤了手腕。见血越流越多，他便急急忙忙赶回了家。可是，妈妈却告诉世勋自己在上课，无法陪伴他去医院，只将诊费递到世勋手上。虽然妈妈对此感到非常抱歉，但她希望世勋能够独自去小区附近的医院看病。当世勋看完病，步履蹒跚地走回家后，邻居阿姨们不约而同地围了上来，询问世勋为什么手上缠着绷带，伤得这么严重怎么就一个人去医院，并纷纷感叹"世勋真可怜"。

但是，世勋妈妈并未多说什么，继续着她的工作，只是在世勋走进家门时扫了一眼他的脸及手腕。世勋躺在床上等待妈妈下课时，不知不觉睡着了。对于妈妈而言，因为工作之故无法抽身照顾病患中的孩子，最令她们感到愧疚。在孩子遭受病痛折磨、急需妈妈照顾时，自己却无能为力。其实，那个时候妈妈的心如针扎刀割一般。

当世勋醒了以后，妈妈对他说："你一定很疼吧，妈妈因为需要工作，所以无法陪你去医院，你应该能够理解吧？"看见妈妈难过的表情，世勋像个男子汉一样，对妈妈摆摆手说："妈妈，我不疼，我自己会去医院了！"

心理分析

爱，是滋润心灵的雨露，但也可能蜕变为禁锢成长的藩篱。

我们在赞美父母博大无私的爱的同时，也要看到，如果父母一味用自己爱的羽翼替孩子遮风挡雨，包办代替，那么当孩子迈出家庭这一温暖的港湾时，将会因为缺乏独立性而无法经受社会风浪的考验，这不是任何一个父母所愿意看到的。

曾经有一位四年级的小学生不会剥蛋壳，把鸡蛋完整地拿回家了！事实上，在现在社会里这样的孩子还是存在的。而且，不仅小学生存在这样的问题，大一些的学生也是如此。现实中，大学生开学是"全家总动员"，甚至有的大学生把不会洗的衣服用包裹寄回家，有些大学生需要雇保姆，有的甚至有父母亲自上阵，在学校附近租房照顾这些"天之骄子"。

这无疑又是中国式父母"爱"孩子的具体表现。从小学到中学到大学，从学士到硕士到博士，甚至从中国到美国到英国，有些父母甚至不惜举家搬迁，就为了能继续照顾孩子的饮食起居。殊不知，他们的这种做法正在把孩子们变成残废——一种思想、精神和人格上的终身残废。

这些现象真的很令人担忧。在过度保护下成长的孩子，依赖性越来越大，其后果不言而喻。许多父母错误地认为，父母的责任就是给孩子提供生长发育所需的各种物质条件。殊不知，心理的成长发展与生理上的成长同样重要。有的父母代替孩子度过了成长的重要步骤，以"怕浪费时间""怕累着"为由，来替孩子做每一件事情。从表面上看，这是为孩子好。但实际上，许多在大人眼里看似简单的事，对于孩子来说却是重要的成长经历。父母替代他们完成的同时，也使孩子失去了通过这些实践来成长的宝贵机会。

父母应该接受这样一条教育理念：从人的发展角度来看，我们的教育就是要增强孩子的独立意识。锻炼孩子的独立能力，培养孩子养成独立的习惯，最终达到促进孩子独立的目的。这是因为，独立是现代人必备的素质，也是健全人格的重要构成，更是人能够立足于社会、发挥其潜力的基础。

　　我们首先必须明白，孩子从呱呱落地到将来长大成人、成家立业，是一个从依赖到独立的过程。在这个过程中，孩子的独立意识是逐步建立起来的，父母千万不要总是以大人的眼光看待孩子的言行，而应该给孩子适当的发言权和自主权。

　　应该放手让孩子自己想和做。有一些父母或许会对这样的做法感觉难以适应，甚至会持反对意见。殊不知，过分呵护会扼杀孩子的独立性。如果一个孩子过于依赖父母，养成了习惯，对于迟早必需的独立将是极为有害的。

　　放手让孩子独立地去行动，这是时代发展的趋势。一旦孩子能够沿着独立的道路前进，深藏在他身体内部的各种潜能都能充分地发挥出来。独立性强的孩子一定会发展得好，独立性差的孩子发展一定是比较差的，这是社会的需求造成的。

　　明白了这个道理之后，父母就应该有所改变了。要知道，家庭是培养孩子独立能力的首要场所，所以，在日常生活中，父母应本着"大人放手，孩子动手"的原则，培养孩子的自理能力。

　　但愿我们的孩子早些脱离父母的羽翼，少一些依赖，多一些体验，多一些磨砺，最终成为具备独立精神和独立能力的现代人。

　　孩子独立性的培养，是持之以恒的过程，也需要父母和孩子的共同努力。父母的使命是为孩子塑造一个安全而又富有挑战性的成长环境。在这个环境中，不仅仅有浓浓的亲情，还有清晰的自我，更重要的是有相互的信任、支持和鼓励，这也就是我们所理解的爱的真谛。

父母这样做

　　第一，爱得适度，敢于放手。凡是孩子自己能做的，都让孩子自己做，不要代替他，这是一个原则。父母应该认识到，小孩子无论做什么事情都有一个规律，即从不会到会、从做不好到做得好。因此，不要求全责备，也不要看到孩子做不好就去代替他，这样做等于剥夺了孩子锻炼的机会。孩子在自己做事的过程中获得鼓励后，就会感到我行，就有了自信。这种感觉非常重要，它是培养孩子独立性的一种动力。

第二，根据孩子的承受能力为其分配任务。与其父母一一照顾周全，不如让孩子自己找事情做并最终完成。我们可以将日常生活中孩子能力范围之内的事务交给孩子独自处理，并观察孩子的完成情况。但是，倘若把超出该年龄段承受能力或极其复杂的事务交付给孩子，则很有可能产生副作用。因此，在培养孩子的自立性时，一定要考虑到孩子的年龄因素。

第三，尊重孩子的自主选择。很多父母意识不到孩子已经具备自主选择的能力，总认为自己的做法比孩子高明、保险，从而把自己的意识强加给孩子，不去考虑孩子在独立做出决定和处理事情时的那一种宝贵的信心和热情。因此，建议父母多说一些"这由你决定""这是你的责任""不管你怎么想，这由你选择"之类的话。一旦孩子做出决定，父母必须使他意识到他要对自己的选择的后果负责。

第四，引导孩子合理安排生活。由于年龄、经验所限，孩子在自主安排生活时，需要父母的帮助和引导。比如，在孩子对衣服的质量、式样或价格有了足够的了解之前，不要让他一个人去买衣服；在孩子对学校的基本课程和未来的职业规划缺乏深刻认识之前，不要完全随他意愿选择学校。在这些事情上可征求孩子的意见，允许孩子有发言权，但又不能完全听孩子的。一种有效的方法是对孩子的选择加以适当的限制。例如，带孩子出去买东西，你可以把选择好的两件东西给孩子看，然后要求他根据质量和价格做出抉择。

04 教孩子在实践中独立

情景案例

暑假的一天，爸爸问冬冬有没有什么计划，冬冬说他想参加一个夏令营。

"什么样的夏令营？"

"是学校老师推荐的，为期15天，参加的都是和我差不多大的孩子，有专门的老师带队。"

听了冬冬的话，爸爸问："你决定去吗？"

冬冬有些迟疑地说："我从来没有离开过你们，不知能否在夏令营中独立生活。"

这时，爸爸拉着冬冬的手说："孩子，我知道你的担心。不过，你已经长大了，是个小男子汉了。爸爸希望你通过这次夏令营的锻炼，成为一个真正的男子汉。"

"爸爸，我真的可以独立生活吗？"冬冬还是不自信地问道。

"相信爸爸，也要相信你自己。"

两个星期后，经过这次夏令营的独立训练，冬冬变得成熟了很多，不但能够帮父母干些力所能及的事情，而且动手能力也增强了不少。可以说，夏令营活动让他受益匪浅。

心理分析

其实，要培养独立自主的孩子，就应该让他们经常参加实践活动，让他们在实践中提升自己的动手能力，让他们在实践中增强自己的独立性。实践证明，动手能力强的孩子，独立能力也很强。

看看你的孩子吧，他的独立性如何？孩子究竟是搏击长空的雄鹰还是温室里的花朵？你是否像那母鸡一样，把孩子带在自己的翅膀下？

有时候，父母会过度保护孩子，使得孩子渐渐失去独立的能力。因此，不妨试着放手让孩子去做些事情，不仅能够证明他们的成长，也能够建立他们的自信心。

美国教育家罗伯特博士曾提出现代幼儿教育的十大目标，其中第一条便是"独立性"。一个缺乏独立性的儿童是无法适应现代社会的，因为今天的幼儿长大后将面对的是急剧的社会变化、迅猛的科技发展，他们需要具备独立思考、判断和解决问题的能力，否则将难以生存和发展。

联合国教科文组织国际 21 世纪教育委员会面对瞬息万变的未来世界，在向联合国教科文组织提交的报告中提出了教育的"四大支柱"，即学会认识、学会做事、学会共同生活、学会生存，而其中任何一个"学会"都离不开主体的独立性。因此，父母培养孩子具备独立性，被视为面向未来、培养新一代的主要目标之一。

地球上的万物都是有生命的，依其不同的方式存在。儿童时期是孩子的世界观、人生观、价值观的萌发时期。一般健康幼儿在三岁前就有意志萌芽，能初步借助言语来支配自己的行动，出现独立行动的意愿，如"我要……""我自己……"。因此，有意识地培养孩子独立的能力，除了培养让孩子自己洗手、洗脸、刷牙、穿衣服，做一些力所能及的事情外，还可以让孩子练习一些复杂内容的活动。如收拾玩具、缝扣子、洗碗筷、摆碗筷、桌椅，到不远的地方买东西等。唯有把培养孩子的独立性作为孩子健康发展的重要目标之一，自始至终贯彻在孩子的日常生活中，才能使孩子养成良好的生活习惯。

现在的父母常常将孩子视为掌上明珠，对孩子疼爱备至，常常是一家人围着一个孩子转；而现在的孩子，个个都是家中的"小皇帝""小公主"，他们饭来张口，衣来伸手，每件事情都让长辈包办代替，自己什么事也不会做，什么事也不愿做。长此以往，孩子就会习惯让父母帮他做所有的事情。

其实，孩子从一出生就是一个独立的人，一直在积极探索周围的世界。可是，当父母一厢情愿地包办代替时，就会使孩子形成一种错误的认知：什么事情都应该是父母做，不需要自己动手做。让孩子学会做"人"，必须从学会做一个独立的"人"开始，从而感知生命存在的意义。

未来是属于孩子的，孩子未来的路要靠他们自己去走，未来的生活要靠他们自己去创造。我们应循序渐进，耐心引导孩子，多给孩子自己去尝试体验的机会，培养孩子做一个独立的"人"，进而产生热爱生命、保护生命、关爱生命的意识，使孩子具有良好的性格、积极向上的态度和自我责任感，并进一步感悟生命的意义。另外，在教养过程中，应积极发现、鼓励孩子的每一点进步，帮助他们建立自信，使他们具有较强的社会适应力和心理承受力，才能勇敢地面对问题、解决问题。

独立自主是健康人格的表现之一。从小学会独立生存的技能，对自己的生活、学习质量以及成年后事业的成功和家庭生活的美满都将产生重要的影响。我们的目标是要青少年成长为一株迎风而立的大树，而不是经不起风吹雨打的小草。所以，要在实际生活中让他们经过锤炼，学会独立生存！

父母这样做

第一，放手让孩子参与实践。现在许多孩子的实践能力差，就是因为父母太爱孩子了，处处都护着孩子，甚至代办了孩子生活的一切。要想培养孩子的实践能力，父母就应对孩子放手，让孩子多参与社会实践。凡是孩子能做的事，尽量让孩子自己做，以免孩子长大以后无所适从。

第二，多给孩子创造动手的机会。父母可根据孩子的年龄段，适时给孩子创造动手操作的机会。当孩子在动手做某件事的时候，父母应耐心地在一旁指导，让孩子细细地体味实践。为了锻炼孩子的动手能力，父母可以经常让孩子做一些手工，包括画图、剪贴、泥工折纸等，这些手工操作能促进孩子手的协调能力。

当孩子在做这些手工的时候，父母应给予及时的鼓励，不断激发孩子的兴趣。当发现孩子有不正确的操作时，父母应及时予以纠正。对于孩子来说，做家务也许是最好的实践。父母应该给孩子创设一个实践的空间，多给孩子分配一些家务，让孩子锻炼自己，养成生活即实践的品质。比如，父母可以让孩子管理日常生活用水量、用电量、家庭日常开支，或参与到家庭事务的决策当中等。

第三，父母要提高认识，更新观念。父母要明白，孩子的人生之路最终还是要他们自己去走，父母帮得了一时帮不了一世。只有让他们学会为自己服务，才能为他人服务。还要让孩子明白，"天上不会掉馅饼""从来就没有什么救世主，一切要靠我们自己"的道理。只有离开父母的怀抱，才能锻炼出苍鹰的矫健翅膀，翱翔于天空之中。通过讲名人逸事等方式，使孩子明白自己的事情要自己做，自己的小手也能做许多大事。要激发孩子自我服务的兴趣，使孩子养成良好的生活习惯。不要过度关注孩子，而应给予孩子充分的活动自由。放手让孩子自己做事情，父母不要从中间插手，一般情况下在进行过程中不要提出任何建议。要与孩子建立亲密关系，让孩子充分感受到爱。父母与孩子之间可以尝试以朋友的方式相处，给孩子提供充足的信任感和安全感，孩子才敢大胆地去尝试。

第四，定下一些规则，全家共同遵守。如果孩子依赖、懒惰成性，鼓励或模范可能都不起作用。这时，可以定下一些规则，如"不洗澡就不准上床"。如果孩子不听劝告，父母可以不理睬他的抗议。确立规则时，不要带有责备的语气，也不要重复唠叨，只要以行动来证实就可以了。也可以求助于医生、老师等具有权威性的人，这些人更能使孩子明白自我服务的重要性。如孩子不肯刷牙，可以直接带他到牙医那里，让他看看病人的痛苦。然后，让医生告诉孩子，这些病人就是因为小时候不好好刷牙，现在就要补牙、拔牙，还要打针吃药。在孩子认识到"惨痛"的教训时，再教他们如何保养牙齿、如何养成正确的刷牙习惯。

05 让孩子决定自己的事情

小凌终于如愿以偿，以不错的成绩考进了一所市属重点高中。回首中考前的日子，小凌甚至想不起自己是怎么过来的，记忆里只有眼前一堆堆的书本、永远做不完的习题以及爸爸"一定要争气，一定要考上"的叮嘱。

终于可以松口气了！小凌觉得，自己没有辜负爸爸的苦心，考上了理想的学校，这个假期可以好好地休息休息了：听喜欢的CD、看进口的大片、打爆所有的游戏、与同学在网上聊个够，或许还可以向爸爸申请到哪里去玩一趟——小凌的如意算盘打得"噼里啪啦"。

爸爸回来了，手里拎着一个大口袋。打开口袋，小凌呆住了——里面全是高一的课本和辅导材料！爸爸没有理会小凌的惊讶，严肃地对小凌说："你呀，不要以为进了重点高中就万事大吉了。你要知道，能考进去的都是学习尖子。你要想出头，就得提前在底下把功夫做足。"小凌说："爸爸，我知道。可是，这个假期是不是……"爸爸打断了小凌的话："是不是什么？你还没到休息的时候。我和你妈妈早就打算好了，你高中三年的目标就是清华！当年，爸爸因为3分之差没有能够上清华，是我一辈子的遗憾。现在，这个遗憾就只能靠你去弥补了。"见小凌没有回应，爸爸缓和了一下语气，说："小凌，我和妈妈都是为你好。清华是名牌大学，能进清华，以后无论是深造还是找工作，都是响当当的牌子。周围人问起来，也是一件很有面子的事情。我们为你创造这么好的条件，替你操这么多的心，就是希望你能考上清华，只要你……"

小凌愣在那里，听着爸爸的话，她觉得自己像是走上了一条永远没有终点的路。看着眼前那一大堆书，回想起中考前那无穷无尽的考试、老师严厉的面孔，小凌的心情越来越沉重……

心理分析

父母对孩子的未来，往往怀有预期心理，这是无可厚非的。可以说，对孩子寄予希望、怀有预期，是为人父母的一种本能。但是，这里面也有一个度的问题。如果父母按照自己的意愿为孩子设立一个又一个目标，把孩子当作实现自己梦想的工具，这就错了。作为父母，不能把自己的意志强加在孩子身上，也不能主观地给孩子设计理想化的成长模式，因为孩子是一个与众不同的独立的个体。如果父母对孩子的预期中携带有父母的意志，而孩子也必须接受这种意志的话，就会对孩子构成一种压力。孩子要实现父母的希望，就需要按父母的想法、意思、要求去做。一旦孩子令父母失望，就会背上不小的精神负担。现在有不少"问题孩子"，往往是因为学习成绩下降，担心考不上名牌大学，总觉得对不起父母，因而采取自杀、离家出走等极端方式以求彻底摆脱压力。实际上，"问题孩子"的真正问题不在孩子而在父母身上。总是先有"问题父母"，然后才会有"问题孩子"。

很多父母往往有这样一个奇怪的习惯：在孩子尚小，还不具备明确的选择意识时，偏偏让孩子自己做主。比如，让刚满百日的孩子"抓周"等。而等到孩子长大了，渐渐有了自己的意愿，想自己做主时，父母却不干了："我们吃过的盐比你吃过的饭还多，你必须听我们的！"案例中的小凌的父母就是这样的。

一般来说，父母自认为给予了孩子无微不至的照顾、孜孜不倦的教诲，孩子理所当然地就应该服从自己的安排和意志，就从来不理会孩子的想法。这无疑是一种错误的想法和做法，这样做只会伤害孩子。要知道，孩子也是一个独立的、有思想的人，他会有自己的兴趣、爱好、志向和理想。孩子为自己这些目标而努力的时候，是自觉自愿、积极主动的。父母把自己的意志强加给孩子，会使孩子失去成长空间和独立意识，迷失自己心中的理想和目标，从而变得被动、机械、茫然。

父母把孩子当作实现自己梦想的工具，会让孩子觉得没有自我、没有自尊，像一个没有生命的机器人一样受人摆布，只能按照父母编制好的程序"运行"。在这种压抑、扭曲的心态下，孩子会产生抵触、反叛、对抗的情绪，出现情绪不稳定、与父母关系紧张、厌恶学习等不良现象，严重时甚至走上邪路；也有些孩子精神萎靡、情绪低落，对生活、学习感到迷茫，没有信心。无论哪种情况，都对孩子的心理健康极其不利，甚至导致严重后果。

父母这样做

第一，尊重孩子。父母只有真正关爱孩子，才不会把孩子作为实现自己梦想的工具，而父母真正关爱孩子，就应该把培养、引导、尊重、平等"放在首位。孩子是一个独立的个体，他属于社会，更属于自己。孩子虽小，但同样需要被别人信任，同样具有独立、自尊、上进等心理倾向。作为父母，要顾及和满足孩子的这些成长需要，不能采取唯我独尊的教育方法。父母要耐心倾听孩子诉说痛苦和烦恼，真诚与之交谈沟通，孩子的独立性便会逐渐增强，与父母之间的关系会更亲密。

第二，保持弹性期望。在一般情况下，父母总是按照自己的理想、预期、希望来培养孩子，要把孩子培养、塑造成自己想让他成为的那个人，这是每一个父母都希望的。而孩子有自己的想法，对未来有着自己的打算和憧憬，他不愿意被动地接受父母的意志，不愿像木偶一样受父母的操控。这注定了两者之间要发生冲突。为了避免这种冲突，最好的方法就是父母对孩子保持一种"弹性期望"。即使父母对孩子仍怀有期望，但这种期望不是一种刚性的、固定的期望，而是一种变动的、弹性的期望。这种期望可以高，也可以低，并可以随时调整。总之，这种期望应控制在合理合度的范围内。

　　第三，给孩子成长空间并适度"放权"。父母要给孩子足够的成长空间，让孩子有自己的理想和愿望，而不是成为实现父母未尽理想的工具。父母可以根据孩子的具体情况和兴趣，向孩子提出建议，引导孩子找到自己努力的方向，并朝着这个目标努力。父母对孩子的照顾、呵护要适度，不能过分体贴入微，否则会使孩子失去建立良好生活学习习惯、锻炼生活自理能力的机会。随着孩子的成长，父母还可以尽量地、逐渐地把决定权交给孩子自己，让他学着为自己的事做决定并负责。即使孩子犯了错，也可以宽容、鼓励他自我调整，找到正确的方式方法。

06 独立思考是一种能力

情景案例

一辰是一个聪明的孩子，但就是不好好动脑筋学习，只是贪玩。每次把试卷拿回家让爸爸帮一辰分析时，总能发现很多题目是一辰本来可以做对的，但因没有动脑筋深入地想，结果做错了。爸爸每次都替一辰惋惜，并耐心地对一辰说："你这样不爱动脑筋很不好。现在不爱动脑筋，充其量是一两次考试的成绩不好。但如果养成不爱动脑筋的习惯，就有可能影响你的一生，你将来就可能一事无成。"可当时的一辰只是个贪玩的孩子，哪里懂得这些道理，考试的时候照样犯同样的错误。

爸爸给一辰讲了好多次这样的道理，一辰依然充耳不闻，爸爸一时也拿一辰没辙。但他后来终于找到了一个改变一辰的好办法。

那时，一辰常常闹着让爸爸给买玩具。记得有一次，爸爸给一辰买了一支玩具枪，能够发出声音和光亮。一辰很喜欢，但只玩了半天，那支玩具枪就被他拆成一块一块的了。一辰想重新装好，却怎么也不成功，即使装好了也不能发声、发光。一辰向爸爸求救，爸爸说："你喜欢这个玩具的话，就要自己动脑筋把它装好。"于是，爸爸在旁边看着一辰装玩具，并不来帮一辰。他让一辰自己动手，只是在一辰不明白的时候讲解一下，或者让一辰这样试试，那样鼓捣鼓捣。花了很长时间，一辰终于把那支玩具枪装好了，当时特有成就感。

于是，爸爸就有意识地买一辰喜欢的玩具，不但不阻止一辰拆卸它们，相反还鼓励一辰这样做，有时候还跟一辰一起这么玩，乐此不疲。时间长了，在装卸玩具的过程中，一辰学会并且喜欢动脑筋了。而且，由于爸爸经常陪一辰玩，父子关系也非常融洽。

心理分析

我们都听过一些科学家小时候拆玩具的故事，都知道这是一种教育方法。或许是因为离自己太远，很多父母从来没有想过在自己的孩子身上试试。对于男孩子来说，恐怕没有一个不喜欢鼓捣玩具的。但大多数父母总是本能地提醒孩子"别把玩具弄坏了，很贵的"，就这样一句不经意的话，扼杀了孩子探求"奥秘"的天性。

孩子聪明，并不等于喜欢思考。因为动脑筋毕竟是一件辛苦事，能主动去吃这个"苦"的孩子其实并不多。要让孩子变得爱动脑、好问，父母就应该开动脑筋，想想有什么好办法。

现在的父母保护欲都很强，无论孩子的年龄是大是小，在父母的眼中，永远是需要被保护的。也正因为如此，很多孩子总是无法独立，直到踏入社会工作，还是缺少应有的肩膀，无法承担责任。这种成长环境间接使得孩子失去了思考的能力，凡事都有父母或师长的指示，自己怎么想似乎也不是那么重要了。反正，父母说的一定是对的，听父母的应该不会错。直到长大后，孩子才慢慢发现思考力是多么重要的能力，但却已经错失培养的最佳时机了。

思考应用最多的符号是语言文字。孩子的思考，就是应用文字符号的逻辑来处理所接触事物的过程。例如，当你抱着咿呀学语的孩子观赏一朵花，你指着花说那是"一朵花"，这时"一朵花"的语词与花的形象就发生联结。如果重复说几次，孩子听到"一朵花"这个声音，脑子里就会浮现一朵花的影像。这就是记忆，是孩子赖以不断学习解决问题的基本运作。

很多父母对小孩子的教导，往往停留在这个记忆的阶段，未做深一层次的启发与指导。比如，一朵花的性质很多，包括形状、颜色、香味等。如果不从分辨与归纳中教孩子思考，他的学习活动就没有机会从记忆提升到对事物的分辨、整理与分析。

人本来就有思考的潜能。就是父母亲不教孩子思考和处理所接触的事物，他也能从记忆、认识、分辨和整理中自行学会思考。通过对日常生活事物的分辨、归纳和整理分析，孩子的思考能力开始进步，处理资料的方式和过程愈来愈精细熟练，愈来愈合逻辑。这就是一个人的智力发展过程。很多孩子在学校里的功课不及别人，不是由于天赋不如别人，而是思考能力缺乏有效的教导。

有人说，中国的父母是世界上最伟大的。可是，我们却很少去思考：在无微不至的关怀下，我们的孩子将会失去什么？

大部分父母在教育孩子的时候，往往只是把目光放在孩子的课业成绩上。只要孩子的成绩好，就可以满足他的任何愿望，却疏忽了对孩子独立自主能力的培养。父母千万要记住：只有让孩子学会独立思考，他才能有意识地去独立做事、独立做人际交往。

每当学校举办户外活动，我们的老师总是对孩子嘱咐再三，像注意安全啦，要遵守秩序啦，不要乱跑啦，队伍排整齐啦……然而，外国的老师却只说六个字："按时回来，去吧！"我们的孩子在自己的地方被绑手绑脚，而外国的孩子在他们的地方却能玩得尽情尽兴。

中国的父母和老师都有一个通病，唯恐孩子发生意外，不仅不敢像国外的父母一样让孩子走向大自然探险，就连孩子上下学的路上也担心被车碰撞到、遇到坏人等。我们不是常见到行色匆匆送孩子上学、放学时围在校门口焦急等待的父母吗？因为这种前怕狼后怕虎的心态，总让孩子生活在大人的保护下，扼杀了孩子的独立性。

究其原因，孩子的不同源自于不同的教育方式。对外国的孩子来说，由于生活的环境不同，他们的文化熏陶及所接受的教育与我们的不同。因此，外国的孩子往往从小就具有相对独立的思考；中国的孩子，无论是在家庭还是在学校，所接受的大多是传统式教育，结果独立思想缺失，创新思维匮乏，与西方的孩子相比，竞争力就要稍逊一筹。所以，我们应该给予孩子独立锻炼的机会，如单独活动、自行购物、与小朋友交往、独立完成作业等，越是有一定的困难度，越是要让孩子自己去做。只有让孩子经常完成具有一定难度的事情，孩子才能锻炼自己克服困难的能力，才能体验到成功的喜悦，从而增强自信心和独立性，并变得坚强起来。

时光会流逝，父母不可能永远跟着孩子，无法为孩子预约未来。社会在进步，事情不会一成不变，也不能为孩子设定方法。更何况孩子长大后所处的时代一定跟原来他小时候的年代不同，父母自己能否完全适应现在这个社会都是未知数。倒不如让孩子在力所能及的事情上，自己去思考问题、解决问题，逐步培养独自处理事情的能力。对于孩子来说，过程比结果更重要。只有这样，孩子才能大胆地去探索外面的世界，才能得到足够的锻炼，为未来打下坚实的基础。

父母这样做

第一，培养孩子独立生活的能力是培养独立思考的第一步。因此，明智的父母应有意识地训练孩子料理自己的生活琐事。

第二，父母应努力挖掘和保护孩子的好奇心。独立思考能力强的孩子，往往具有较强的好奇心。孩子拆散了钟表或弄坏了玩具，父母不要予以惩罚和责骂，而是要引导孩子弄清楚这些器具的机械原理。父母还可以鼓励孩子设计一些小东西，不仅满足了孩子的好奇心，还让孩子通过自己动手而学到新知识。

第三，父母要小心维护孩子的自尊心，千万不要因为孩子的问题过于荒谬，而嘲笑或批评他。相反，对孩子超出常理的思考方式应该予以鼓励，这种非比寻常的思维很可能是今后科学创造的开端。独立思考意味着在思考问题时要具有新颖性、独创性和积极主动性。独立思考是科技发明、文学艺术创作的源泉，从小培养孩子独立思考的能力，不仅为他们往后的成功打好基础，也有利于他们目前的学习。

第四，培养孩子的创造精神。创造精神是独立思考的一个重要成分。人的创造才能不是天生的，而是后天学习得来的。良好的创造氛围，可以促使创造人才出现；不良的甚至恶劣的环境，则会扼杀创造人才的出现。没有人一出生就是创造者，他们只是喜欢思考。在科学的殿堂里，凡能拥有一席之地的，往往是一些标新立异者。他们往往独辟蹊径，自成一家。任何新的理论刚提出时，都可能被人们嘲笑，提出者也可能被人们骂作是疯子，他们的成功都归功于善于独立思考，敢于坚持自己的观点，敢于向权威挑战。

07　对自己的行为负责

情景案例

一位外国妈妈带着8岁的女儿到中国一户人家做客。女主人对外国友人的到来非常重视，特别学习了西餐的做法。她对外国母女说："今天我做西餐给你们吃，你们尝尝中国人做的西餐味道好不好。"

8岁的女孩听女主人要给她们做西餐，心想：中国人做西餐肯定不好吃。于是，当女主人问她吃不吃的时候，小女孩坚定地回答："我不吃。"

等女主人把西餐端上来的时候，小女孩一眼就看到了漂亮的冰淇淋。这么好看的冰淇淋味道肯定很好！小女孩有点迫不及待地对妈妈说："妈妈，我要吃冰淇淋。"

女主人很高兴小女孩能够喜欢自己的冰淇淋，就立刻把冰淇淋端到小女孩面前，说："来，吃吧！"

谁知，女孩的妈妈严肃地对女主人说："不行，我女儿说过她不吃西餐，她得为自己所说过的话负责。今天，她不能吃冰淇淋！"

女儿着急地哭起来："妈妈，我就想吃冰淇淋！"但是，女孩的妈妈根本不为所动，只是对女儿淡淡地说："你得为自己负责。"

女主人看着这个场面，觉得女孩的妈妈也太认真了，就说："给她吃吧，孩子总是这样的。"

女孩的妈妈对女主人说："亲爱的，我们要培养孩子的责任心。"结果，无论女孩怎么哭闹，妈妈就是不同意让她吃冰淇淋。

心理分析

生活中，有的人责任心很强，而有的人却缺乏责任心。这就涉及父母从小的教育问题。责任心其实是一种习惯性的行为，它对人的一生具有很大的影响，而且它是应该从小就注意培养的。

责任心是每个人都应该具备的非常重要的素质，是成为优秀的人所必须拥有的素质。不管是做什么事情，责任心都是很重要的，如果没有责任心，能力再强，也可能无法实现自身的价值。况且，现在很多用人单位，也特别注重这一点，因为有责任心，才会对自己负责、对别人负责、对社会负责，才能将自己的事情做好，而不是轻易放弃，或者推脱给别人。

而在现代的教育中，有些父母往往把这点忽略了，只重视孩子对科学知识的学习，而放松了品德的培养，甚至并不重视培养孩子的责任心。而且，生活中，一旦孩子遇到一些为难的事、需要独立完成的事、需要承担责任的事，父母总是大包大揽，目的就是为了留出更多的时间让孩子去学习。学习知识固然重要，但责任心却是孩子做人、成人的基础，是不容忽视的。没有责任心，就不可能认真做事，对于学习也就不会有认真的态度，进而产生不良的影响。所以，重视培养孩子的责任心与促进孩子的学习是相辅相成的，不可重此轻彼。

责任心是孩子做人、成人的基础，因为有责任心的人，首先要有一定的道德水准，否则他也不可能对事情负责任。责任心也是做事情的标准之一，没有责任心就不可能认真去做事。因此，要培养孩子的责任感，必须让他们养成对自己的行为结果负责的习惯。

培养孩子的责任心不是一朝一夕的事，是一个漫长而反复的过程。父母必须高度重视，从小做起，从小事做起，让孩子在有责任感的氛围下快乐成长，在潜移默化中得到责任心的培养，养成良好的责任意识，从而培养孩子健康的人格。

父母这样做

第一，言传身教。孩子的责任心需要父母言传身教从小培养。教育家陶行知说："我要儿子自立立人，我自己就得自立立人。我要儿子自助助人，我自己就得自助助人。"同样，要培养子女的责任感、事业心，父母要敬业爱岗，有强烈的责任感、事业心，因为父母是子女的第一位启蒙教师。

订立责任合同，让孩子明白该做什么、怎样做，否则将会受到哪些惩罚。孩子做事往往是凭兴趣的，要让孩子对某件事负责到底，必须清楚地告诉他做事的要求，并且与处罚联系在一起。如把洗青菜的家务活承包给孩子，要是没做好，便不能吃所有的菜。这样一来，孩子才知道一个人是要对自己的行为负责的。

第二，让孩子处理自己的事情。父母的包办行为会使孩子失去责任心，要培养孩子的责任心，父母就要在孩子的学习、生活中纠正他的不良习惯，让孩子学会自己的事情自己做。家庭中要有明确的分工，父母应该分配孩子做一些力所能及的家务。当然，在刚开始的时候需要父母对孩子进行检查和监督。特别是要明确地让孩子明白学习是他自己的事，不是父母的事。让孩子处理自己的事情，目的就是要克服孩子的依赖性，培养独立性，也就是让孩子独立思考问题、独立解决问题、独立去处理自己应做的事。

第三，让孩子懂得自己行为的后果。教育家茨格拉夫人说："必须教育孩子懂得他们不同的一举一动能产生不同的后果，那么随着时间的推移，孩子们一定会学得很有责任感的。"事实确实如此，只有让孩子懂得自己的行为将会产生什么后果，他才会对自己的行为去负责任。在现实生活中，父母要试着把孩子生活中的每一项责任都放到他自己身上，让孩子自己承担。比如，当孩子遇到麻烦的时候，你应该说："这是你自己选择的，你想想为什么会这样?"而不要对孩子说:"你已经努力了,是爸爸没有帮助你。"虽然只是一句话,却反映出观念的不同。如果你无意中帮助孩子推卸了责任,孩子将会认为自己无须承担责任,这对他以后的人生道路是很不利的。

第四,让孩子体验成功。当孩子通过努力取得一定的成绩时,父母要给予积极肯定,因为任何成绩都是在克服困难的基础上取得的。父母的表扬与肯定会让孩子体验到成功的喜悦,树立自信心,增强其成功感和自豪感,使孩子明白自己能做很多事、自己应该做很多事并且能做得很好。同时,父母要教育孩子帮助别人,因为每个人都有需要别人帮助的时候。孩子有麻烦的时候,往往需要他人的帮助。同样,当别人遇到困难时,也需要孩子伸出援手,提供帮助。当孩子感受到被帮助人的感激之情时,孩子会体验到自身的价值,提高责任感。

唤醒内驱力，让积极成为孩子性格的一部分

01 培养自我学习能力

情景案例

张芳是个初中一年级的学生，她是个典型的乖乖女，一切都顺从妈妈的指令，妈妈让她做什么她就去做什么。生活上如此，学习上更是如此。在家里，她严格按照妈妈给她制订的时间表来完成学习任务。

有一次，妈妈生重病住院一个多月，没有办法再像往常一样时刻指导孩子的学习。离开了妈妈的点滴指导，张芳根本不知道什么时候该做什么事情，也不懂得如何提高自己比较差的科目。慢慢地，她的学习成绩出现了很大的退步。

心理分析

所谓自学能力，就是自我学习的能力，是指不依赖教师、父母，通过独立学习、钻研而获取知识的能力。这是一种十分重要的能力。孩子有了一定的自学能力，才能获得广泛的知识，才能学得更灵活、更扎实。

自学是最有效的学习方式，而我们现在的孩子大多数不具备自学意识，懒于自学，再加上父母也习惯于什么都教给孩子，孩子一有什么难题，就请父母教。长此以往，孩子不习惯于自己去寻找答案，导致孩子一直处于一种被动的状态，惰性越来越顽固，越来越依赖父母和老师，这对孩子将来的发展是很不利的。

俗话说："授人以鱼，不如授人以渔。"孩子的学习也是一样，教给孩子知识，不如教给孩子学习知识的能力——自学能力。学习本来就是孩子自己的事情，可以说，只有学会自我学习，才能够学得好、学得多。

纵观古今中外有作为的青年，他们中许多人并未进过正规的学校，更没有上过大学，却通过自学取得卓越的成就。伟大的自然哲学家、数学家、物理学家笛卡尔没有上过大学，但他凭借自学，23 岁就创立解析几何。英国的道尔顿只在乡村学校读了几年书，全靠自学成为近代化学的奠基者、原子学说的创始人。美国大发明家爱迪生，只上过三个月的小学，但他一生中却取得一千多项发明的成功。我国的华罗庚早年在杂货店当学徒时，数学底子并不好，他完全靠自学，成为举世闻名的大数学家。由此可见，培养孩子的自学能力是非常重要的。

自学能力是每个孩子都必须掌握的一种能力。培养孩子的自学能力，不仅能促使孩子主动地学习，独立思考钻研问题，提高学习效率，而且在未来从事各项工作时都能受益。为此，父母要培养孩子的自学兴趣，掌握自学方法，培养自学习惯，使孩子愿意学并且会学，这是至关重要的。

👪 父母这样做

第一，帮孩子掌握学习方法。学习方法与学习过程、阶段、心理素质等有着密切的联系，它不但蕴含了对学习规律的认识，而且也反映了对学习内容理解的程度。同时，它还是一种带有个性特征的学习风格。因此，父母应结合孩子的年龄及学习特征，逐步培养孩子掌握适合自己特点的、富有成效的学习方法。

第二，指导孩子使用工具书。工具书是孩子学习的好帮手。字典和词典等工具书，能帮助孩子扫除阅读障碍，提高阅读能力。孩子学会查字典和词典的方法，并能独立运用，就等于掌握了一种自学的方法，有利于提高学习成绩，开阔知识视野，变得更加聪明。

第三，陪孩子多去逛书店。要提高孩子的自学意识，一个重要的途径是父母多陪孩子去图书馆或书店，不仅可以帮助孩子增长知识，还可以增进感情。孩子的自学意识是父母引导出来的，父母只要给孩子创造良好的氛围，引导孩子培养自学意识就可以了。

02　带着兴趣自觉学习

情景案例

　　刚上小学一年级的时候，每次做完作业，妈妈都会帮小刚仔细检查，挑出错误的地方。小刚也很习惯妈妈这么做。突然有一天，妈妈说以后检查的工作要由小刚自己完成。这让小刚烦恼极了，写完作业就习惯出去玩的小刚哪有心思坐下来认真检查啊。即使是在妈妈的强迫下，小刚也只是草草地在纸上画几个谁也看不懂的道道，应付差事。可想而知，那段时间小刚的作业成绩有多差，一个个的红叉触目惊心。每次发作业本时，小刚总是羡慕地看着周围的同学，看着那一个个的红钩，羡慕地听他们说父母如何帮他们检查作业。

　　这样的刺激经过几次以后，小刚回家就向妈妈抱怨："别人的父母都帮孩子检查作业，你们怎么不帮我啊？是不是不喜欢我啦？"妈妈搂着小刚说："平时我帮你检查，考试时老师会帮你检查吗？现在妈妈可以帮你检查，等你上了初中、高中，有很多知识妈妈也不会了呀，还怎么帮你检查呢？所以，从现在起，你就要养成独立学习的好习惯。"当时，小刚听了这些话并不很理解。但小刚知道，无论怎样哀求，妈妈都不会再帮自己检查作业了。

　　作业本上的红叉叉那么刺眼，相信每一个有自尊心的孩子都会忍受不了。小刚万般无奈地带着对妈妈的埋怨，开始认真地检查作业了。慢慢地，错误少了；渐渐地，认真检查就成了小刚做题的最后一步，而小刚作业本上的红钩钩也越来越多了。

心理分析

正是妈妈当时的坚持，才使小刚增强了学习的自觉性。要是总那么依赖妈妈，真不知道长大以后的小刚会是什么样。

相信现在大多数低年级学生的父母每天依然在帮助孩子检查作业，为什么要这样做呢？就是因为怕孩子作业做错了，老师在课堂上批评，自尊心受到挫伤。结果，孩子平时没有问题，一考试就出问题。不少孩子是解难题的高手，可就是得不到高分，很大程度上是因为没有养成认真检查的好习惯，犯了粗心的错误。

能够检查出自己的错误，是少数孩子具备的一种能力，同时也是孩子能够取得优异成绩的基本保证。父母替孩子检查作业的做法恰恰会使孩子丧失这种能力，这个"拐棍"当不得。

父母应该明白，教育过程应该是一场马拉松，而不是百米冲刺。教育是一个循序渐进的过程，欲速则不达。对孩子的教育应该从孩子的最近发展区入手，培养孩子的学习兴趣和学习习惯应适应孩子的年龄特征，应克服对幼儿教育过程中的短视行为，不要急于求成，机械地对孩子施加教育影响。没有计划地拔高教育要求则容易让幼儿对学习产生厌恶的情绪，甚至对以后的学习有抵触。

爱因斯坦有句至理名言："兴趣是最好的老师。"古人亦云："知之者不如好之者，好之者不如乐之者。"兴趣是学习的"原动力"，兴趣是学习的"催化剂"，它对学生的学习有着神奇的内在驱动作用，能变无效为有效，化低效为高效。高斯自小就对数学感兴趣，达尔文自幼就偏爱昆虫。而正是兴趣，成就了他们伟大的人生。

现在，有很多父母担心孩子入学以后会跟不上教学进度，在孩子上小学以前，不顾孩子有没有兴趣，也不顾孩子能不能接受，先教孩子识字、做算术，相信给孩子灌输的知识越多，孩子今后在小学里就会学得越好。这种想法和做法常常适得其反，结果使孩子丧失了学习的兴趣，成为小学学习中的失败者。

其实，在入学以前，孩子认识多少个字并不重要，而激发孩子对文字的好奇心和兴趣，产生认字、写字和阅读的强烈愿望和动机是第一要务。不少小学教师在谈体会时都谈到，最使他们感到头痛和束手无策的不是那些在入学前缺少知识和技能的孩子，而是那些对学习没有兴趣，缺乏思考和解题愿望的学生。

日本教育家木村久一说过："如果孩子的兴趣和热情一开始就得到顺利发展的话，大多数孩子将会成为英才或天才。"

兴趣是一个人探究事物和从事活动的一种认识倾向。一个人对某事物感兴趣时就会对它产生特别的注意，对该事物观察敏锐、记忆牢固、思维活跃。兴趣可以使人沉醉，甚至达到废寝忘食的地步；兴趣可以引导人发掘自身潜力，甚至超越能力极限。激发孩子的求知欲，提高孩子的学习兴趣，并不是说孩子想做什么就让他做什么，就帮助他做什么，而是要善于将孩子的兴趣引导到学习中去。在日常生活中，孩子常会对你提出各种各样的问题，这就是孩子对周围事物产生兴趣的表现。如果你对孩子置之不理，孩子的求知欲就会泯灭。相反，如果你能热情对待孩子的提问，并积极引导孩子去认识、去探索，并引发更多的问题，那么孩子就会激发起学习知识和技能的欲求，养成勤奋和刻苦学习的习惯。

让孩子体验到克服困难获取成功的乐趣，是保持孩子学习兴趣的必要条件。你应该注意让他有获得成功的机会，即使是微小的进步，也应加以鼓励。经常地遭受挫折，甚至遭受指责或体罚，会使孩子的学习兴趣丧失殆尽。

兴趣是人类最可贵的天赋，是创造力的源泉，兴趣是自觉学习的先导，是人们探究世界的动力，是最好的老师。

十年树木，百年树人。在这场马拉松的竞赛过程中，需要父母齐心协力、持之以恒，遵循孩子的身心发展规律，从激发孩子的学习兴趣入手，培养他们自觉学习的习惯。只有这样，才能让孩子沐浴着春风和阳光，带着快乐心情，轻松上阵。

父母这样做

第一，激发和保护孩子的好奇心、求知欲。孩子的注意力通常不稳定，他们对某一事物的兴趣通常与他们的好奇心、新鲜感分不开。因此，父母必须善于发现和引导，经常带孩子出去参观、外出散步，或者带着孩子摆弄和拆卸各种玩具等，让孩子在探索"秘密"的活动中，激发学习的兴趣。

第二，父母要避免孩子对学习产生厌倦。对孩子的学习，父母要合理安排时间，每次持续时间不宜过长，防止大脑皮质产生保护性抑制，从而降低学习兴趣，影响学习效果。即使对于同一内容的重复学习，父母也要每次变化方法，最好与游戏结合起来，学学玩玩，动静交替，以免孩子产生厌倦感。年龄稍大的孩子可适当地组织竞争性的活动，激发孩子的学习兴趣。

在孩子刚开始学习的时候，父母对他们的期望不能超越他们已有的水平和他们通过学习最近可能发展到的水平，并要及时肯定他们所取得的成绩。在父母看来是微不足道的进步，却能给孩子带来成功的体验，并依据学习成果来调整心事活动，增强孩子的自信心和自尊心。父母要考虑到孩子的个性特点，因材施教。父母在培养孩子的学习兴趣时，切忌粗暴干涉、硬性强制或教条主义的方法。父母应从孩子的年龄特点出发，以参与者的身份、商量的口吻，采用生动有趣的教学方法。这种心理效应对于激发孩子和培养孩子的学习兴趣有着不可低估的作用。

第三，鼓励孩子自己寻找答案，宽容孩子探索过程中的过失。兴趣不但能让孩子主动学习，也是孩子良好学习习惯养成的重要条件。孩子在自主学习的过程中难免会产生困难，但有时候他们并不希望父母直接介入活动，给予他们帮助，他们会在自己的思考下寻找解决问题的方法。如孩子在拼搭飞机模型时，会遇到一些困难，经历一次次失败，但他们不会放弃，他们会勇于探索，在一次次失败后获得成功。为什么呢？因为他们感兴趣，动手操作活动是孩子感兴趣的活动之一。由此可见，活动的兴趣对培养孩子的学习坚韧性、自觉性具有重要作用。父母在教育孩子的过程中要牢记：游戏是幼儿的主要活动，尤其是 3—6 岁的幼儿的学习是通过游戏实现的。只有在游戏中激发起幼儿对学习的兴趣，才能让他们自觉自愿学习，为养成良好的学习习惯打基础，为将来的学习生活做准备。

03 谦虚不骄傲

情景案例

小军已是一年级的学生了，是个爱学习的男孩。由于学习成绩在班里一直名列前茅，他非常自负。在家里，小军认为自己是个大人了，对于父母说的话越来越不放在心上。在班里，小军非常清高，不愿与成绩不好的同学一起玩，觉得跟他们在一起没什么意思。

有一次，小军愤愤不平地向妈妈告状，说老师批评他了。妈妈对小军说："老师批评你，并不是他看不起你，而是希望你进步。"在妈妈的引导下，小军慢慢改正了骄傲的毛病。

心理分析

俗话说："水满则溢。"选择一种空杯归零的态度，你还能有什么学悟不到的呢？还有一句俗话说："三人行，必有我师。"如果你想学，在乞丐那里都有值得你学的东西。如果你不想学，即使在哲人面前，你也会有不可一世的傲慢。因此，学习的过程应是一种永不满足的求学状态。

爱因斯坦是 20 世纪最伟大的科学家之一，他的相对论以及他在物理学界其他方面的研究成果留给我们的是一笔取之不尽、用之不竭的财富。然而，就是他这样一个人，还是在有生之年中不断地学习、研究，活到老、学到老。

有人问爱因斯坦："您老的水平和成就可谓是物理学界的空前绝后了，何必还要孜孜不倦地学习呢？何不舒舒服服地休息呢?"爱因斯坦并没有立即回答这个问题，而是找来一支笔、一张纸，在纸上画上一个大圆和一个小圆，说："在目前情况下，在物理学这个领域里，可能是我比你懂得略多一些。你所知的是这个小圆，我所知的是这个大圆。然而，整个物理学知识是无边无际的。对于小圆，它的周长小，即与未知领域的接触面小，感受到自己未知的少；而大圆与外界接触的周长大，更感到自己未知的东西多，会更加努力地去探索。"

1929 年 3 月 14 日是爱因斯坦 50 岁生日。全世界的报纸都发表了关于爱因斯坦的文章。在柏林的爱因斯坦住所中，装满了从全世界寄来的祝寿的信件。

然而，此时的爱因斯坦却不在自己的住所里，他几天前就到郊外的一个花匠的农舍里躲了起来。

爱因斯坦 9 岁的儿子问他："爸爸，您为什么那样有名呢?"

爱因斯坦听了哈哈大笑："你看，瞎甲虫在球面上爬行的时候，它并不知道它走的路是弯曲的。我呢，正相反，有幸觉察到了这一点。"

爱因斯坦就是这样一个谦虚的人，名声越大，他就越谦虚。

事实上也是如此，没有一个人能够有骄傲的资本，因为任何一个人，即使他在某一方面的造诣很深，也不能够说他已经彻底精通，研究到头了。"生命有限，知识无穷。"任何一门学问都是无穷无尽的海洋，都是无边无际的天空。所以，谁也不能够认为自己已经达到了最高境界而停步不前、趾高气扬。如果那样，必将很快被同行赶上、很快被后人超过。

骄傲是一种不良的心理状态，孩子特别是聪明的孩子容易产生骄傲自满的情绪，父母应该给予积极的引导，使其心理健康发展。在现实生活中，孩子往往由于学习成绩较好或某方面有特长而经常受到父母和老师的表扬，这种太多的表扬常常会误导孩子，使他们不能正确认识自己，于是就会滋长骄傲情绪。他们会因此夸大自己的优点，看不到自身的问题，而把别人看得一无是处；他们听不进别人的善意批评，总是处于盲目的优越感之中，就会逐渐地放松对自己的要求，因此导致成绩下降，表现也就不再那么优秀了。对这样的孩子，父母应该及时纠正，让他们正确认识问题。

父母这样做

第一，让孩子认识骄傲的危害。盲目骄傲自大的人就像井底之蛙，视野狭窄，自以为是，严重阻碍了自己继续前进的步伐。科学家巴夫在给青年人的一封信中这样写道："切勿让骄傲支配了你们。由于骄傲，你们会在应该统一的场合固执起来。由于骄傲，你们会拒绝有益的劝告和友好的帮助。而且由于骄傲，你们会失掉客观的标准。"当然，父母要让孩子分清楚自信和骄傲的区别。自信是一种积极的人生态度，它能使人乐观上进；而骄傲是对自己的不全面认识，是盲目乐观，常会让人不思进取。父母应该培养孩子的自信心，但不能让他们滋长骄傲自满的情绪。形式上，两者有很大的相似性，常会让人迷惑。孩子常会把自己那点小得意看作是自信的表现，父母应该让孩子分辨出两者的区别。父母应该让孩子认识到骄傲也是健康成长的绊脚石，任何成绩的取得只能是阶段性的、局部的，只能作为一个起点。在学习上，知识是无边的海洋。如果一时一事领先就忘乎所以，恰恰是知识不够、眼界不宽的表现。"满招损，谦受益。"父母应有意识地给孩子介绍成功者的经验，告诉他们古今中外有所作为的人都是在取得成绩后仍能保持谦虚奋进的人。

第二，帮助孩子全面认识自己。孩子之所以产生骄傲，往往源于自己某方面的特长和优势。父母应该先分析这种骄傲的基础：是学习成绩比较好、有某方面的艺术潜质，还是有运动天赋什么的。然后，应让孩子认识到，他身上的这种优势只不过限定在一个很小的范围内，放在一个更大范围就会失去这种优势。正确的态度应该是积极进取，而不是骄傲懈怠。优势往往和不足并存，同时应该努力弥补自己的不足。父母要教育孩子，取得一定的成绩确实是自己努力的结果，但不要忘记这里也包含着父母的培养、老师的教诲和同学的帮助。另外，不正确的比较往往容易滋长骄傲情绪。在班集体中，若以己之长与别人之短相比较，这样比较的结果，自然容易沾沾自喜，自以为什么地方都比别人强，因而看不起别人。父母应该开阔孩子的胸怀，引导他们走出自我的狭小圈子，带他们到更广阔的地方走走，陶冶他们的情操，让他们了解历史名人的成就和才能，以丰富的知识充实头脑，使之变骄傲为动力。

第三，让孩子正确面对批评建议。正确面对批评和建议是终身的学问。骄傲自满往往和不能很好地处理别人的批评和建议有关。批评往往直指一个人的缺点，如果一个人能够接受批评，他就能够比较清楚地看到自己的缺点。对于孩子来说，他在评论自己时常会出现偏差，原因是"不识庐山真面目，只缘身在此山中"。若能经常听取别人的意见或建议，就能不断充实和完善自己。

第四，表扬孩子要讲究技巧。太优秀的孩子往往经不起表扬，表扬过多往往会导致孩子骄傲自满心理的产生。因此，父母应有意识地避免过多地表扬孩子。表扬孩子本身没有错，但千万不要一味表扬，而且，表扬孩子时要注重表扬孩子的某种行为，不要表扬孩子本身——这也是表扬的一个技巧。

04 勤奋不懒惰

情景案例

小梅都已经上六年级了，可从来都没帮家里干过家务，就连自己的衣服甚至袜子都是奶奶给洗，除了会吃饭以外，什么家务都不会。就连自己的屋子都不收拾，有时候连奶奶都说这孩子太懒了。

为小梅这个"懒"的毛病，妈妈没少为她操心，成天督促她做家务、劳动，告诫她不会做家务，将来会自己犯难。但她总是无动于衷，也是，奶奶什么活都替她干了，哪还需要小梅干呢？不仅有奶奶帮忙，更重要的是在小梅心中从来就没重视过家务劳动。她认为，妈妈的教育都是危言耸听。不会做家务怎么了？屋子脏了，懒得收拾屋子，可以找小时工干；自己不会做饭，可以到外面买着吃，想吃什么没有啊，更何况餐馆里的饭菜比自己做的好吃多了。只要有钱，什么没有啊！然而，事情并没有小梅想象的那样简单和顺利。

由于奶奶心脏病犯了，住进医院，全家人都非常着急。爸爸妈妈每天都去医院陪护奶奶，有时甚至没时间回家做饭，而小梅又不会做饭。爸爸妈妈只好给小梅钱，让她自己买饭吃。小梅倒是觉得挺不错的，不仅没人管了，而且还能买自己爱吃的东西，简直太自由了。

但这种快乐却突然停止在一次意外中。那天，由于奶奶要做一项有点危险的检查，爸爸妈妈匆匆忙忙赶往医院，陪奶奶做检查，竟然忘了给小梅留下晚饭钱。小梅放学回到家，看到爸爸妈妈的留言，心想，今天自己又可以自由地大吃一顿了。于是，她一边写作业，一边在脑子里计划着晚饭吃点什么。

作业终于写完了，小梅兴奋地走到客厅拉开柜子的抽屉，不禁傻了眼，里面竟然没有钱。这可怎么办？小梅开始着急了，没钱吃什么啊？对，吃零食，等爸爸妈妈回来再让他们做饭。小梅赶紧跑到厨房，拉开橱柜。真是事有凑巧，零食早已吃完，空空的橱柜里除了方便面，什么都没有了。小梅决定忍着。

时间一分一秒地过去，小梅的肚子也开始抗议了。对，方便面！小梅如获至宝，跑到厨房，拿出方便面。但一阵兴奋过后，她就开始沮丧，自己竟然连方便面怎么煮都不知道，这可怎么办啊？肚子不停地在叫，小梅无奈地撕开方便面口袋，拿出那个并非油炸过的面饼，艰难地嚼着，心想：今天怎么这么倒霉啊！不过，谁让自己不会做饭呢，以后一定要学学怎么煮方便面……

心理分析

其实，每一个人天生都具有惰性。大人何尝没有偷懒的时候，而未成年的孩子自然也不能免俗。而像案例中的小梅的经历说明，孩子的懒散和所谓的任性自由都与家庭的教育有关。很多父母不让孩子干家务或者劳动，结果养成了他们的懒散习惯，也导致他们丧失了基本的生存能力。

由于每个孩子成长的环境不同，自然形成的生活习惯也各有不同。由于父母和社会意识等原因，孩子在无意识的潜移默化中慢慢成了"四体不勤，五谷不分"的人。这就造成了孩子懒散的思想，他们往往做事拖沓、不负责任、自由散漫，严重影响了一生的做事态度。父母一定要负起教育子女的责任，让孩子健康成长。

没有一个人的才华是与生俱来的。在成功的道路上，除了勤奋，没有任何捷径可走。在每个成功者的身上，都有着勤劳的习惯。古语云："天道酬勤。"这就告诫人们：只要人像天那样"自强不息"，勤恳劳作，天就会予以奖励。这种只酬勤不酬惰的法则，千古不变。

许多有伟大成就的人，他们本来是非常平凡的。然而，通过不懈的努力，他们终于成了不平凡的人。富兰克林能从一个穷困潦倒的小学徒跻身到一代伟人的位置，靠的就是他的勤勉。

富兰克林自小就养成了勤奋的优良习惯。早在孩提时代，他就勤奋读书，甚至把每一点点零花钱都用在买书上。富兰克林从《天路历程》中得到了乐趣，开始收集单独出版的小册子。后来，他又卖了这些单行本，买了伯顿的有关历史方面的文集。父亲的藏书室里的书主要是宗教辩论方面的，大多数他都阅读过了。当时有一本《名人传》，对富兰克林日后的生活影响很大。他得到这本书后，挤出所有可以玩耍的时间来反复阅读，不忍释手。

富兰克林用行动和成就实践了自己的诺言："勤劳就是财富。谁能珍惜点滴时间，就像一颗颗种子不断地从大地母亲那儿吸取营养，珍分惜秒，点滴积累，谁就能成就大业，铸造辉煌。"

爱因斯坦说："在天才与勤奋之间，我毫不迟疑地选择勤奋，她几乎是世界上一切成就的催产婆。"事实上，一个勤奋的人能够取得的成就必然比其他人要多。因此，父母要注重培养孩子勤奋的习惯。

父母这样做

第一，对孩子循循善诱。孩子的意志和毅力往往不如成人，为了让孩子养成勤奋的习惯，父母不妨采用循循善诱的办法——有步骤地引导孩子去学习。一是注意培养孩子在学习方面的基本功，比如一定的知识面。二是注意适时教育，引导孩子勤奋学习要抓住孩子有学习欲望的时候。三是注意适量，不要以成人的标准去要求孩子，不能越过孩子所能承受的范围。四是引导孩子怀有一种平常心，不要急于求成，否则只会适得其反。

第二，对孩子的要求要根据孩子的表现而提升。孩子总是比较容易满足于当前的成绩，在取得成绩后容易不思进取。这时候，父母应该及时根据孩子的表现而提出更高一点的要求，让孩子永远有前进的方向和目标。

第三，通过劳动促使孩子勤奋。勤奋不仅表现在学习，更表现在工作和劳动上。当孩子走上社会后，他的勤奋就直接表现在工作中。因此，父母要通过劳动来培养孩子勤奋的好习惯。首先，父母要树立勤奋工作的榜样。许多时候，父母会做一些艰辛的工作。如果父母能咬紧牙关，认真做这些事，孩子也会学到父母的这种勤奋精神。其次，父母可以在家庭中设立劳动付费项目，如拖地1角、收拾房间5角、洗碗1元等。同时，告诉孩子，要想获得零花钱，就得通过自己的劳动去挣；如果想要更多的零花钱，就得通过自己勤劳的双手去干活。长期训练之后，孩子就能具备勤奋的品质。

第四，用立志激励孩子勤奋。俗话说："有志者，事竟成。"如果孩子树立了远大的志向，他就能用这个远大志向去激励自己勤奋，最终实现自己的理想。在现实生活中，父母要及时发现孩子的志向，帮助孩子明确自己的志向，然后指导孩子树立志向，并朝着志向不断努力。

05 积极广泛地阅读

情景案例

夜已很深了，劳累一天的人们纷纷进入甜美的梦乡。然而，在明明的书房里，仍然亮着灯。妈妈走过去，敲开儿子的房门，问道："这么晚了，你还不睡，在做什么呢？"明明解释说："我一直在读你给我买的那本童话书。"

妈妈在儿子身边坐了下来，一起谈论那本名为《幻想世界》的童话书。它讲述的是一位名叫米罗的男孩，原来对生活失去了兴趣，觉得世界上的一切都很无聊，而且看什么都不顺眼。然而，米罗在一次和骗子、会说话的蜜蜂以及其他奇妙的人物乘坐一辆玩具车出游时，他彻底地变了，他的生活从此充满了欢乐与阳光。

妈妈在 10 岁的时候，第一次读到这本童话书。至今，妈妈还珍藏着当时所写的读书报告，在开篇写着："这是一本我所读过的最好的书。"

心理分析

在网络时代成长的孩子，不但阅读时间和阅读领域日益减少，他们的阅读兴趣也随之削弱。许多孩子甚至排斥文字，只接收影像、电子游戏和卡通等视觉性的享受和刺激，文字在他们的阅读中只是一个小点缀而已。

长此以往，学生的语文水平越来越差，而学校的语文课竟然也从十堂减为一半，令老师和父母都深感无奈，只能多花一些心思来培养孩子的语言文字能力了。

许多教育方面的专家学者不断呼吁，希望社会大众关注这个日益严重的问题。孩子的阅读能力一旦退化，就会直接影响思考能力、逻辑能力和表达能力的提升，而这些能力都是非常重要的。

阅读能给人带来乐趣和功用，是由于文字带来的意义。从这个意义上说，文字只是载体，识字只是手段，而阅读才是我们的目的。

儿童要学会阅读，需要达到很多条件。他需要知道文字这种象征符号系统是代表意义的；他需要认识单词或字；他需要掌握一定的词汇量；他需要正确划分词组，正确理解段落的含义；尤其是，他需要喜爱阅读，能进行思考、推理和想象，能沉浸在故事当中，能分享思想。而这些，早在认字之前，就需要给孩子打好基础。只有这样，孩子才能更顺利地学会阅读。

影响孩子阅读能力的主要因素是家庭。有研究显示，父母的语言表达能力和方式是影响孩子阅读能力的一个重要因素。在缺少语言刺激的家庭中，父母或是沉默寡言，或是讲话简单，不讲究用词的丰富与规范。孩子生活在一个缺少语言刺激的家庭中，没有意识到语言的重要性，从小就缺乏语言运用的经验。这样的孩子很可能重视操作与活动，动手能力较强，但语言能力较差。长此以往，孩子就不喜爱表达和阅读。

而在重视语言的家庭中，父母经常与孩子交谈，用词准确而有所规范，有较高的文化素养。在这种家庭中长大的孩子，从小就受到良好的语言刺激，知道语言的重要性，养成了喜爱阅读的行为和完整表达的习惯。

两种不同的家庭环境，造就了孩子不同的能力。阅读能力差的孩子往往在学习上会遇到许多困难，如有的孩子计算能力很强，但在解应用题时就一筹莫展了，因为遇到用文字叙述的应用题时，由于阅读不能连贯，就很难理解题意。当父母为孩子解读一遍题目之后，孩子往往能立即列出算式解题。这说明，孩子不是智力低，而是阅读障碍所造成的，却常常被误判为数学不好或学习能力差。

因此，对孩子而言，养成阅读习惯的好处是显而易见的。看一篇故事、读一篇报道、看一本科普漫画、读一本名人传记……读起来十分轻松、惬意，没有压力，也不必规定任务，可以随心所欲；遇到精彩的句子和段落，可以多欣赏咀嚼几遍；还可以抄录、剪辑、累积成数据库，需要用时就能信手拈来，出口成章。

家财万贯，不如满室书香，文化资产的影响力更胜于物质财富。家里图书的数量、种类越多，父母越常和孩子讨论书籍的内容，孩子的阅读能力就越强。

阅读对于一个人来说是非常重要的。正如爱迪生所说："读书之于思想犹如运动之于身体，运动使人健壮，读书使人贤达。"高尔基说："我读的书愈多，书籍就使我同世界愈来愈接近，生活对于我也就变得更加光明，更有意义……几乎每一本书都轻轻地发出一种声音，扣人心弦，使人激动，把人吸引到奇妙的地方去。"

因此，高尔基发出这样的呼吁："热爱书籍吧，书籍能帮助你们生活，能像朋友一样帮助你们在那使人眼花缭乱的思想感情和事件中理出一个头绪来，它能教会你们去尊重别人，也尊重自己，它将以热爱世界、热爱人的感情来鼓舞你们的智慧和心灵。"

基于阅读对人的重要影响，父母一定要注重培养孩子的阅读习惯。我国童话大王郑渊洁说："在我小时候，父亲就当着我看书，他使我养成了一个阅读的习惯，这个阅读实在是一个好习惯。你养成一个阅读的习惯，不管什么时候都喜欢看书、看报纸、看刊物，或者包括现在的在网上阅读，这是一个非常好的习惯。"

如今，由于电视和网络的影响，孩子降低了对阅读的兴趣。事实上，这是一种不好的现象。缺乏阅读，使孩子无法深入去理解一些问题，从而缺乏深刻的思考能力，也缺少广博的知识。因此，父母要培养孩子阅读的习惯。

在现实生活中，有些父母又走向另一个极端，对孩子读书寄予过高的期望，期望孩子通过阅读能迅速提高思想觉悟、学习成绩和修养等。所以，父母在读书的问题上特别容易与孩子发生冲突。比如，孩子总喜欢看轻松的卡通书，而父母则希望他们看有教育意义的书。谈到读书，父母大多谈的是"教育功能"，谈的是"一本好书能改变人的一生"。但如果我们能冷静地面对现实，我们就会发现，"一本好书能改变人的一生"不一定会在每个孩子身上实现。我们可以想一想，现在的孩子生活在一个多元化、信息开放的时代，他们面临着比我们当年多得多的媒介选择。除了书，他们可以看电视，玩电子游戏机，听录音带，甚至可以进入计算机网络。所以，父母既要重视培养孩子的阅读习惯，又不能不切实际地走极端。

父母这样做

第一，营造一个阅读的环境。

父母应该为孩子提供一个良好的阅读环境，给孩子提供一些他喜欢的、高趣味性的阅读材料，这样可以放宽孩子的阅读范围，让孩子自由地阅读自己喜欢的内容，自由地发挥他的阅读天性，从而爱上阅读。

其实，只要有条件，孩子是喜欢存书的。父母可以为孩子提供一个小书架，摆上孩子自己的图书，如童话传说、儿童画报、名著等。一旦有了自己的小书架，孩子就会愿意在自己的书架下停留更长的时间。能够拥有自己藏书的孩子，在以后有可能成为一辈子热爱图书的人。

第二，和孩子一起阅读。

孩子阅读能力的提高是一个渐进的发展过程。要帮助孩子提高阅读能力，父母最好能够和孩子一起阅读，培养孩子良好的阅读习惯。如果父母没有时间，也可以每周进行一次。父母和孩子一起阅读，不仅能营造读书的气氛，让孩子愿意跟随父母阅读，而且父母能够提前了解孩子要看的书，向孩子提出一些问题，让孩子带着问题去阅读，提高孩子阅读的目的性。对于优秀的作品，父母还可以和孩子讨论，让孩子发表意见，培养孩子的理解力，激发孩子的阅读兴趣。

父母可从孩子可塑性、模仿性强的特点出发，着力营造家庭的读书氛围。古训有"近朱者赤，近墨者黑"，孩子在家庭中，必然要受到家人有意无意的潜移默化的影响。希望孩子爱读书、知勤奋，当父母的只有身体力行地带头读书看报、着力营造家庭的读书氛围，方可对孩子产生有效的影响。

父母不妨每天晚上或节假日里，读一些书、报。或在孩子安静的时候，耐心地在他身边富有感情地朗读一首儿歌、一个故事，这将比一味地督促、强制有效很多。

第三，培养孩子的阅读兴趣。

阅读兴趣是孩子积极阅读的意识倾向。有阅读兴趣的孩子往往会集中精神阅读书籍。阅读兴趣不是先天就有的，它是孩子通过不断的阅读逐渐形成的。父母可以有意识地培养孩子的阅读兴趣。比如，给孩子介绍书籍时，先描述其中吸引人之处。或者，和孩子一起收藏书籍。要激发孩子的阅读兴趣，应该从孩子最喜欢的书籍入手。有些孩子喜欢科普读物，父母可以先让孩子阅读科普书籍，由此产生强烈的阅读兴趣。在阅读科普书籍的过程中，孩子会发现自己知识的欠缺。父母可以引导孩子从教科书中去汲取知识，以弥补这一欠缺。

父母可以从朗读、讲故事入手，及早培养孩子的阅读习惯。美国教育家杰姆·特米里斯认为，0～3岁是形成孩子阅读兴趣、阅读习惯的关键阶段。父母应在孩子很小的时候就养成每天为孩子朗读的习惯。每天20分钟，持之以恒，孩子对阅读的兴趣便在父母抑扬顿挫的朗读中渐渐地产生了。他认为，孩子坚持听读，可以使注意力集中，有利于扩大词汇量，并能激发想象，拓宽视野，丰富孩子的情感。在每天的听读中，孩子会渐渐领悟语句结构和词意神韵，产生读书的愿望，并能初步具备广泛阅读的基础。这里特意提示父母，为孩子选取的朗读内容应生动有趣，能吸引孩子。随着孩子的年龄增长，内容可逐渐加深。

有些父母为了提高孩子对阅读的兴趣，在给孩子讲故事时往往只讲一半，正当孩子对这个故事入迷的时候，父母就停止了，然后递给孩子一本书，对孩子说："这个故事就在这本书里，你想知道这个故事的结局吗？自己看书吧。"于是，孩子就会不知不觉捧起了书本。

第四，给孩子介绍好书。

从孩子的心理特点来说，他们喜欢不同题材的图书。小学低年级的孩子开始萌发对文学书籍的阅读兴趣；初中以后开始对报纸、杂志产生兴趣；也有的孩子对自然科学书籍产生兴趣。父母要是能帮助孩子选择各种各样的好书，就能拓宽他们的阅读范围，丰富知识，童话、民间故事、小说、科普读物、报告文学、杂文、名著，甚至杂志、报纸，都是孩子阅读的好材料。

父母可以从孩子的认知特点出发，帮助孩子选择图书。教育心理学家认为，不同年龄的孩子阅读能力有差异。3 岁以前的孩子大多爱看色彩艳丽、形象逼真的动物或物品的图画书；3 ~ 6 岁的孩子爱看童话、幻想故事以及有关动物、日常生活行为的图画书；7 ~ 10 岁的孩子爱看有一定情节的神话、童话及令人惊奇、富于冒险性的儿童图书；10 ~ 13 岁的孩子爱看富于幻想、探险、神秘色彩的图书；14 ~ 16 岁的孩子的阅读倾向于思维、发明、论证、推理及人物传记类图书。父母在为孩子选择材料时，应注意循序渐进，并对具体的图书种类加以鉴别和选择。

总之，为孩子介绍好书时一定要注重内容，不要只关注图书的装帧或其他一些外在的因素。

第五，教给孩子基本的阅读方法。

阅读有许多方法，父母应该让孩子掌握一些基本的阅读方法。在这方面，父母要特别重视以下两个技巧：

技巧之一：善用精读和略读。精读和略读是最基本的阅读方法。精读注重理解与领会，要求孩子善于分析相关内容。在精读的过程中，父母可要求孩子大声朗读，而且不可少读一个字，不可多读一个字，不可错读一个字，也不可颠倒字词的次序。这对孩子是一个很好的训练。当然，父母一定要表示出对孩子朗读的欣赏，鼓励孩子多多朗读。略读则注重快速地抓住文章的主要内容和某些关键部分。对于孩子要学习的科目，应该运用精读的方法，反复钻研文章；至于其他的书籍，则可以采用略读的方法，让孩子扩大知识面就行了。叶圣陶先生常常说："书先看序文，是一种好习惯……序文的性质常常是全书的提要或批评，先看一遍，至少对于全书有个概括的印象或衡量的标准；然后读全书，就不至茫无头绪。"不管是精读还是略读，先看序是一种良好的阅读方法。

技巧之二：边读边记忆。父母可以有意识地为孩子挑选一些古文或古诗词来背诵。当然，对于孩子来说，这些书最好是加注释的，比较通俗。如果孩子能够背诵下来，对他以后的学习会有很大的帮助。比如"人有悲欢离合，月有阴晴圆缺，此事古难全"，这类经典的句子也许孩子一时无法理解，但他记住以后就可以反复品味。

06　学会自我反省

情景案例

叔叔送给洋洋两条美丽的小金鱼。洋洋十分喜欢，把鱼儿放在玻璃缸里，看它们在水中自由地畅游。有一天，洋洋突发奇想，把金鱼从水中捞出来，丢在地板上。看到金鱼不停甩动尾巴，洋洋觉得很好玩。

"洋洋，你怎么这么残忍！鱼会干死的，赶快把它们放回水里去！"爸爸看到这一情景，大声呵斥洋洋。洋洋无动于衷，对爸爸的呵斥置若罔闻。这时，妈妈走过来说："洋洋，如果你口渴时不给你水喝，你会怎样呢？"

"我会很难受。"洋洋有过口渴难耐的经历，便不假思索地说。

"是啊，你没水喝会很难受。可你把鱼从水里抓出来丢到地上，让它们没水喝，你说它们难不难受啊？而且，鱼是水生动物，比人类更需要水，一旦离开水，会很快死的。它们拼命甩动尾巴，就是因为它们太难受了。"妈妈开导洋洋。

洋洋沉思了片刻，对妈妈说："我错了，我以后再也不把金鱼丢到地上玩了。"

心理分析

发现别人的错误容易，认识自己的错误难。其实，无论是父母还是孩子，往往看不到自己的过错，总是把责任推给别人，不懂得反省自己的行为。因此，对于孩子来说，学会自我反省是至

113

关重要的。

自省是一个人得以认识自己、分析自己并有效提高自己的最佳途径，是对自己的行为思想做深刻检查和思考、修正人生道路的一种方法。懂得自省，人格才能不断趋于完善，人才能慢慢走向成熟。通过自省，人才会越来越成功，越来越幸福。

俗话说："金无足赤，人无完人。"人活在世上，谁都难免有这样那样的缺点和错误，谁都难免有丑陋的一面。就连爱因斯坦都宣称他的错误占90%，那么普通人身上的错误就更不用说了。所以，每个人都要经常跳出自身反省自己，取出自己的心，一再地检视它，这样才能真正了解自己。对于孩子来说，更是如此。孩子的年龄小，心志不成熟，很容易犯错误，父母有必要引导孩子进行自我反省。

事实证明，自我反省能力能促使孩子更快地成长。他们通过反省及时修正错误，不断地调整自己的心态和做事方法。所以，孩子掌握了自我反省的能力，就等于掌握了自我完善和健康成长的秘方。

自我反省是促进孩子健康成长的一个秘诀。父母不妨每天引导孩子反思一下：今天我到底学到些什么？我有什么样的改进？我是否对所做的一切感到满意？如果孩子每天都能反思自己的所作所为，都能改进自己的能力并且过得很快乐，必然能获得意想不到的丰富人生。真诚地面对这些提出的问题就是反省，其目的就是让孩子不断地突破自我的局限，深刻省察自己，开创成功的人生。

父母这样做

第一，引导孩子进行自我反省。孩子的成长是一个不断犯错、不断改正的过程。当孩子犯错时，有些父母往往不能容忍，一味责备孩子，甚至打骂孩子，结果往往事与愿违。如果父母能心平气和地启发孩子，不直接批评他的过失，孩子会很快明白父母的用意，愿意接受父母的批评和教育。事实上，这样做也有助于孩子进行自我反省，明辨自己的过失。案例中的洋洋就是在母亲的引导下，对自己的行为进行了反省，最终认识到了错误。

第二，启发孩子思考事情的后果。孩子的意志力较差，容易受他人语言、行为的影响，而且容易情绪激动、做事冲动，容易不计后果地做事情。因此，父母应该适当地启发孩子思考事情的后果，让孩子进行自我反省。

第三，让孩子自己承担犯错的后果。孩子做错了事，许多父母常常替孩子去承担犯错的后果。孩子会觉得，即使自己做错了也没关系。由此，孩子就会丧失责任心，不仅养不成自我反省的习惯，而且会在以后更容易犯类似的错误。父母应该让孩子明白，一旦犯错，就要自己承担相应的责任，无人能够替代。

07 自主理财，不乱花钱

情景案例

暑假到了，爸爸妈妈要带 11 岁的小明从北京家中出发到青岛旅游。小明没想到，妈妈居然把这次一家三口的旅途开支的管理任务交给了自己。计划是在青岛玩五天，开支不得超出 5000元，而且剩下的归小明自己。

小明事先设计了一个简易账本，其中分总额、支出、备注三大项。在支出栏中，小明将每天的花费情况逐一对应地记录在账本上，而且每天都有预算，原则上是：只许结余，不准超支。五天下来，共花费 4700 元。其中，车费 1500 元，景点门票费 1200元，食宿费 1000 元，购物费 1000 元。这样回到家中，还结余 300元，作为一项父母对自己的奖励。

小明通过这次消费体验，树立了节俭、节省的观念，学会了如何用较少的钱去办较多的事。

心理分析

理财是人生的重要一环，它不仅是成人必备的，也是孩子不可或缺的课程。正确的金钱观和理财方法，会成为孩子未来生活、工作、事业的好帮手。

当社会变得越来越商业化的时候，许多父母害怕自己的孩子"有了钱就变坏"。于是，他们严格控制孩子的零花钱，以为这样就能端正孩子的消费观和金钱观。其实，这种观念是落后的，这种做法也没有什么好处。

儿童心理学家指出，孩子对金钱的兴趣可以说是与生俱来的。早期的金钱教育有助于儿童树立一个正确积极的金钱观，形成良好的理财习惯与理财技巧对孩子的健康成长有着不可估量的促进作用。

一项对 2000 余名未成年犯和 1000 余名普通未成年人的调查显示，未成年犯的零花钱明显高于普通未成年人，而且在所有犯罪类型中，因为抢劫、盗窃等与钱有关的罪名而入狱的孩子占全部未成年犯的 70% 以上。未成年人对金钱的认识及走上犯罪道路的教训，反映出很多父母缺乏对孩子的正确的理财教育。没有受过正确的理财教育的孩子只知道花钱，缺乏正确的消费观念和创造财富的能力。

父母有意识地培养孩子的理财能力，指导孩子熟悉、掌握基本的金融知识与金融工具，从短期来看，是养成孩子不乱花钱的习惯，从长远来看，将有利于孩子及早形成独立生活能力，使其在高度发达、快速发展的时代中具有可靠的立身之本。

父母这样做

第一，端正对孩子的爱。什么是爱孩子，每一个父母都有不同的体会。但是，有一点是明确的，溺爱不是真正伟大的爱。在中国，由于大多数家庭是独生子女家庭，父母对孩子的爱是不用细说了。但是，许多父母给孩子的爱仅仅局限于表面。比如，怕孩子吃苦、怕孩子受累、怕孩子被人看不起等。这些事情本来应该让孩子通过自己的能力去解决，这样有助于孩子学会做人的起码道理。但是，很多父母却往往用金钱来解决问题。他们以为，给孩子钱，孩子就不用吃苦受累了，就不用被人看不起了。殊不知，孩子在金钱面前逐渐失去了能力，失去了品格。这样的爱能说是伟大的爱吗？真正的爱应该是注重培养孩子的能力和品格，让孩子能堂堂正正地做人。

第二，给孩子钱要有节制。孩子越早接触钱，越早具备理财的观念，长大后就越会赚钱，关键是父母如何教孩子花钱、理财。洛克菲勒的聪明就在于用生活事例教会孩子，钱是来之不易的，花钱要有节制。不论自己的经济条件如何，父母在给孩子零花钱时，一定要有节制，不可随意多给，也不要有求必应，要把钱的数额控制在孩子有能力支配的范围之内。应给多少钱，要根据孩子的日常消费来预算。例如，主要包括餐费、交通费、购买学习用品的费用、必要的零食费等。一般来说，从孩子一年级开始，父母就可以给孩子一些零用钱。最好的方法是每星期的同一天，给孩子同样数目的钱，这样可以使孩子做到心中有数。随着孩子年龄和责任心的增长，给孩子的零花钱可以逐步增加。

第三，不要用钱来利诱或惩罚孩子。用钱利诱、惩罚孩子从来是一些父母的专利，可这些父母却没有充分认识它的危害。父母不能因为自己经济宽裕了，就突然对孩子慷慨大方。如果孩子在家里表现勤劳、在学校取得良好成绩，父母称赞他几句就足够了，不要轻易用钱来刺激孩子。同样的道理，也不能用钱来惩罚孩子。当然，这与父母给予孩子必要的零花钱不是一回事。

第四，经常让孩子来持家。在现实生活中，父母应给予孩子一定的机会去买菜、交水电费等，让孩子知道家里的钱是怎么花出去的，同时让孩子初步体验生活的不易。父母在平时买东西时，可以带着孩子，在不断的比较、挑选中，让孩子理解金钱的价值，从而培养孩子爱惜金钱的良好品格，避免孩子胡乱花钱的坏习惯。许多父母认为，不应和孩子谈论家庭经济情况。尤其是一些家庭条件不是很好的父母，认为和孩子谈论家庭经济状况，面子上过不去，而且会加重孩子的心理负担。其实不然，许多孩子在了解了真实的家庭状况后，反倒能够替父母着想，控制自己花钱。父母也可以让孩子了解自己的工作，懂得劳动与收获之间的关系，引导孩子热爱家庭、热爱父母，也热爱劳动。

第五，教育孩子养成储蓄的习惯。在孩子4至10岁时，父母应帮助其掌握理财的基本知识，并进行相应的尝试。实践证明，这是培养孩子理财能力的一个最好时期。父母要有意识地培养孩子的理财能力，指导孩子熟悉、掌握基本的金融知识与金融工具。

08 从劳动中体验快乐和幸福

情景案例

有一次，艳红在帮助妈妈洗碗的时候，由于碗碟没有摆放好，最后斜着倒下，那些碗摔成了碎片。艳红惊慌失措，胆怯地望着妈妈，不知如何是好。

妈妈笑着安慰艳红说："没关系，你能帮妈妈洗碗，妈妈已经很高兴了。打碎几个碗没什么大不了，以后小心点就是了。"

在妈妈的安慰下，艳红悬着的心终于放了下来。接着，妈妈又给艳红示范洗碗时的注意事项，告诉艳红放碗和碟子时，一定要摆放稳当，洗碗的水龙头不要开得过大……

在妈妈的鼓励和教导下，艳红很快成了家里的劳动能手。

心理分析

劳动是人区别于其他动物的基本条件，人类能够繁衍生存下去，是离不开劳动的。不管社会怎样进步、科学怎样发展，劳动永远是人们创造美好幸福生活的根源。现代社会的每一位父母，都应重视对孩子的劳动教育。在家庭教育中，劳动教育是必不可少的。这是因为，劳动观念的培养、劳动技能的掌握是孩子成材的必要条件。

劳动是孩子认识世界的主要手段之一。劳动能培养孩子的良好品德，从小培养孩子爱劳动，可以使孩子养成爱劳动的好习惯。孩子爱劳动，就能尊重劳动人民，爱护别人的劳动成果，爱惜公共财物。父母要引导孩子懂得幸福生活要靠劳动创造的道理，从而养成勤俭朴实的良好品质。

随着时代的发展，人民生活水平不断提高。不少孩子从小生活在优越的家庭环境中，由父母包揽一切，过着饭来张口、衣来伸手的生活，很少有劳动锻炼的机会。这就导致很多孩子缺乏劳动意识，更不懂得珍惜劳动成果。

据报道，德国制定了法规，规定孩子必须帮助父母从事家务劳动。6~10岁的孩子应帮助父母洗碗、买东西、扫地，10~14岁的孩子要参加整修草坪园子的劳动，14~16岁的孩子要清洗汽车、参加园艺劳动，16~18岁的孩子每周要参加一次家庭大扫除。世界各国城市小学生每日劳动时间也比中国多。据统计，美国小学生每日劳动1.15小时，泰国小学生每日劳动1.18小时，韩国小学生每日劳动0.7小时，英国小学生每日劳动0.6小时，中国小学生每日劳动0.2小时（12分钟）。

由此可见，中国孩子与国外孩子在独立意识、自主能力和吃苦耐劳精神等方面表现出较大差异，这不由得让人担心，如果我们培养出来的未来一代是轻视劳动、缺乏劳动技术能力的一代，那么将来他们靠什么去生存立足，又怎么能担当起建设国家的重任呢？

因此，父母应该对孩子进行劳动意识的教育，进行劳动实践的培养，让孩子在劳动中体验快乐和喜悦。这对孩子的健康成长与全面发展十分有益。

我国现代教育家蔡元培先生曾说："劳动是人生一桩最紧要的事情。"法国作家法朗士说："人类的劳动是唯一真正的财富。"所以，劳动对每个人都是很重要的一件事，孩子当然也不例外。从小就培养孩子热爱劳动的习惯，是对孩子自主能力的一个很好的锻炼，对其以后的成长和发展具有决定性的积极影响。让孩子参加力所能及的体力劳动，对孩子进行劳动教育，是所有父母应尽的职责。

父母这样做

第一，舍得让孩子劳动。我们常常会看到这样的父母：当孩子对劳动产生兴趣时，父母却百般阻止。殊不知，父母对孩子的"不舍得"，在孩子眼中却是"不信任"的表现。这既是对孩子劳动潜意识的扼杀，也是对孩子劳动积极性的打击。事实上，许多孩子的无能和懒惰就是这样逐渐形成的。所以，父母遇到这种情况时，一定不要拒绝孩子。应该抓住这个引导、教育孩子劳动的大好机会，不仅要耐心地手把手去教孩子，而且要提醒孩子注意安全，引导孩子始终保持对劳动的热情。

第二，让孩子学会做家务。做家务是培养孩子劳动能力的好办法。父母适当地交给孩子部分工作，让孩子学着做些简单的家务，不仅能减轻父母的负担，而且是一种教育和引导孩子的好办法。孩子可以充分体会到父母平时的辛苦，也能学会自我负责、生活自理、协助做家务的能力。

第三，教给孩子一些劳动技能。劳动需要一定的技能，干什么活都有一定的技巧。这就要求父母教给孩子劳动的操作要领、具体方法及相关技巧。做任何事情都需要一个学习的过程，孩子做家务也是这样。父母在教孩子学会劳动技能的时候，不要急于求成，而应根据孩子的年龄特点，循序渐进地提高劳动的难度和强度。在孩子取得进步时，哪怕这个进步非常微小，父母也要鼓励孩子，让孩子从劳动中体验到快乐和幸福。

Part5

适时助推，陪孩子一起战胜挫折

01 任何时候"挫折教育"必不可少

情景案例

罗瑞瑞是家里的独生女。平时，父母无微不至地关心她，爷爷奶奶更是视她为掌上明珠。只要是罗瑞瑞想要的东西，父母都会尽量满足。罗瑞瑞也很争气，整个小学阶段，每次考试都是年级前三名。亲戚朋友无不夸罗瑞瑞是个好孩子。小学毕业后，她顺利考入一所理想的重点中学。

可是，入学以后，罗瑞瑞却觉得越来越失落：自己原来的优越感一下子全没了，身边的同学都是那样优秀。课堂上，罗瑞瑞回答不出来的问题，总有那么多的同学似乎不假思索就能说出答案；老师的目光在罗瑞瑞身上停留的时间也越来越少；开学不到一个月要确定班干部，结果名单里也没有罗瑞瑞；语文课上，好不容易争取到回答问题的机会，竟然答错了……这一切都让罗瑞瑞不断地怀疑自己、责备自己，她甚至感到自己再没有脸面回去见父母了。

心理分析

我们生活在一个竞争性很强的世界，孩子很快就会发现这一点。即使是在幼儿园里或小公园的沙滩上，孩子都可以轻易感觉到竞争的存在。在一个竞争性很强的世界中生存的人，会不断地体验到两件事：成功和失败。要让孩子知道，失败是生活中不可避免的，采取逃避的态度来面对自己的失败，那就永远与成功失去了缘分。

失败仅仅是一个过程，是一个从学习到最终成功的过程。我们应当教育孩子勇敢地面对不完美的结果，敢于犯错误，善于从错误中学习经验和教训。不能因为犯了错误就丧失自信心，甚至开始自暴自弃。

　　许多经验告诉我们，只要从小培养孩子勇敢、坚强、自信的心理，采用理解、信任、鼓励、谈心的方式帮助孩子，孩子就能正视失败，不会掩盖自己对失败的恐惧感。只要父母正确加以引导，孩子的一些不良的极端行为是完全可以避免的。

　　人的自我欺骗能力是无穷无尽的，父母要引导孩子以现实为基础去思考问题、解决问题。一个人只有面对现实，才会有所成就。虽然每个人都存在逃避现实的心理，但不能整日沉浸在不现实的幻想之中。为了防止孩子形成这种自我欺骗的心理，父母要引导孩子按照世界真实的样子去认识它，并做出恰当的反应和决定。

　　许多父母没能教会孩子这方面的技能，反而导致孩子躲避现实。有些人总是避免孩子接触残酷的现实，结果更加强化了孩子的逃避现实的心理。这样长大的孩子往往与周围的人与事格格不入，甚至出现极端的消极行为。

　　人生在世，痛苦和挫折是难以避免的。不管有多么痛苦，父母都要帮助孩子正视现实。当父母向孩子解释事实，教孩子处理问题时，孩子就会渐渐发现，父母有能力来应对那些自己认为是最困难的处境。于是，孩子就会觉得："我也能做到。"

　　人生不如意的事有很多，甚至要遭受苦难和不幸。那些热爱生命的人，会把苦难看作是一种磨炼。在与苦难抗争的同时，人性的光彩将愈加鲜明。父母要引导孩子始终保持一种平和的心态，热爱生活，热爱生命，敢于、善于战胜一切困难。

　　世上没有一条笔直、平坦的路，只有在挫折中不断进取，才能摘取成功的桂冠。能够以平和心态面对并战胜困难，是生活的强者；能够以乐观心态面对困难并将它转化为生活中的硕果，是生活的智者。

明智的父母不会为孩子扫平一切障碍，而是帮助孩子，让他自己去克服困难、历练成长，并将困难变为生命中的光环，让孩子不仅成为生活的强者，而且成为生活的智者。

父母这样做

第一，为孩子树立不屈不挠、勇敢顽强的榜样。父母不要在困难面前退缩，至少在孩子面前要注意。可以为孩子讲一些名人不怕困难、不怕失败，最终做出重大贡献的故事。事实上，以父母和名人为榜样，对孩子最有感染力与说服力。

第二，调整心态，坚定信念。不要让孩子做一些无能为力的事情，而要有意识地引导孩子获得成功的体验，这样有助于孩子树立自信心。要让孩子明白，每个人都会遇到困难，而困难是可以解决的。可以利用一些孩子能自己克服的困难来历练他，以培养平和乐观的心态。

第三，给予孩子适时、适当的鼓励。在孩子遇到挫折时，父母要鼓励孩子树立信心，不要灰心丧气，要勇敢面对困难。当孩子通过自己的努力，尝到成功的喜悦后，父母就要真诚地表扬孩子，进一步增强孩子克服困难的信心和能力。

第四，让孩子知道求人不如求己。父母不要过分保护和溺爱孩子，不要在孩子遇到一点小困难时就给他帮助，而应鼓励孩子自己想办法解决。父母可以和孩子一起找出困难到底难在哪里，以便找出化解困难的办法。

02　培养孩子积极乐观的心态

情景案例

有一对兄弟，一个特别乐观，一个却非常悲观。

有一天，父母希望兄弟俩的性格都能改变一些。于是，父母把那个乐观的孩子锁进了一间堆满马粪的屋子里，把悲观的孩子锁进了一间放满漂亮玩具的屋子里。

一个小时后，父母走进悲观孩子的屋子时，发现他正坐在一个角落里，一把鼻涕一把眼泪地在哭泣。原来，他不小心弄坏了玩具，怕父母会责骂自己。

当父母走进乐观孩子的屋子时，却发现孩子正在兴奋地用一把小铲子挖着马粪，把散乱的马粪铲得干干净净。看到父母来了，乐观的孩子高兴地叫道："爸爸妈妈，这里有这么多马粪，附近肯定会有一匹漂亮的小马，我要给它清理出一块干净的地方来！"

心理分析

亚伯拉罕·林肯说："只要心里想快乐，绝大部分人都能如愿以偿。"由此可见，快乐纯粹是内在的，是由于观念、思想和态度而产生的。不论环境如何，个人都能发展和指导自己的观念、思想和态度。所以，要让孩子在生活中保持乐观精神，就一定要让孩子在心里面想着快乐。

如果孩子感到不幸，就会陷入消极情绪之中。父母可以帮助孩子凭借动脑筋和下决心来利用大部分时间想一些令人愉悦的事，应对日常生活中使孩子感到不痛快的琐碎小事，从而得到快乐。孩子对这些小事的烦恼、牢骚、不满、懊悔、不安，在很大程度上纯粹出于习惯。事实上，这种反应已"练习"了很长时间，也就成了一种习惯性反应。但如果孩子能养成快乐的习惯，就会变成情绪的主人而不再是情绪的奴隶。一旦养成快乐的习惯，孩子甚至可以在遇到悲惨的情况和极其不利的环境时，也能释然。即使不能做到完全的快乐——只要孩子不在不幸之中再加上他们自怜、懊悔的情绪和于事无补的想法，那么一切就会变得更好。

所谓乐观，就是看到事情比较有利的一面，期待最有利的结果。儿童心理学家马丁·塞利格曼认为，乐观不但是迷人的性格特征，还有更神奇的功能，它能使人对生活中的许多困难产生心理免疫力。乐观的孩子不易患忧郁症，也更容易成功，身体也比悲观的孩子更健康。

对于父母而言，让孩子始终保持乐观的情绪，其理由是显而易见的。一般而言，对那些能够满足自身需要的事物或对象，孩子会自然而然地产生一种高兴、喜悦、爱慕的积极情绪体验；反之，孩子就会产生痛苦、忧愁、厌恶、恐惧、憎恨的消极情绪体验。积极的情绪体验能够激发人体的潜能，使孩子保持旺盛的体力，维护心理健康；消极的情绪体验只能使人意志消沉，有害身心健康。学会保持乐观、开朗的情绪，对孩子来说至关重要。

人的一生不可能一帆风顺，人人都会遇到烦恼。重要的是乐观的孩子可以尽可能地减少不必要的烦恼，尽快走出烦恼，在快乐积极的情绪中度过一生。

现代家庭一般只有一个孩子，单元楼房的出现又在很大程度上隔绝了人与人之间、家庭与家庭之间的交往。父母一般也不放心孩子自己出门玩，孩子与外界接触的时间越来越少，很容易导致孩子变得孤独、不合群。因此，父母应该积极引导孩子主动跟人打招呼，缩短孩子与陌生人之间的距离，主动与人交往。要知道，孩子的天性是活泼开朗的，让他们快乐生活其实很简单。

　　一个性格活泼开朗的孩子，总是对自己的能力充满信心，容易和周围的人友好相处，对新鲜的事物有着强烈的探索欲望。父母应该注意培养孩子乐观开朗的性格，这样有利于孩子的健康成长与全面发展。孩子的个性除受先天遗传因素的影响外，更重要的是受后天环境的影响。长期生活在友好和睦的人际关系中，孩子自然就会乐观、开朗、积极、主动。儿童时期是人的个性定型时期，积极的社会交往有助于孩子的个性的发展和优化。

父母这样做

　　第一，在孩子的心情不好时，设法转移孩子的注意力。有些孩子很固执，明明心情不好，却不肯轻易表达或者无法确切地表达自己的心境。这时，父母就要设法转移孩子的注意力。可以拿出孩子平时最喜欢的玩具、图书，可以把孩子的小伙伴请到家中一起玩，可以带孩子去动物园。这些新颖、强烈的刺激无疑会分散孩子的注意，促使孩子在获得新的乐趣的同时自然忘掉过去的不愉快。

　　第二，允许孩子自由地表现伤悲。孩子的个性各不相同，悲伤时表达情感的方式也不尽相同。因此，父母应该允许孩子自由表现他的伤悲。孩子在哭泣时，父母千万不能要求孩子憋住，甚至可以不去劝阻，因为一个人尽情哭过之后，感情可重新恢复平衡。当孩子痛打"娃娃"或砸玩具时，父母的任务不是去指责，而是设法通过言语或行动引起孩子的情感共鸣。孩子得到父母的暗示，自然会停止"暴力"。如果孩子仍不愿与父母交谈，希望单独思考，那么父母也就不要在一旁唠唠叨叨。

　　第三，善于对孩子进行希望教育。希望教育是一项细致的工程，需要父母及时地感受到孩子的沮丧和忧愁，帮助孩子驱散心中的阴影。在这方面，切忌急于求成。

　　第四，让孩子接触各类事物。实践证明，孩子接触的事情多了，见多识广，心胸自然就开阔，悲观思想便不容易产生了。

03 放弃前再坚持一下

情景案例

李珊珊是初中一年级的学生，她乐观开朗，爱好广泛。但是，她却有一个很不好的习惯，那就是当她做一件事情遇到困难时就轻易地放弃。在她的观念里，坚持就是浪费时间。珊珊读小学五年级的时候喜欢上了舞蹈，她身材纤细苗条，很有跳舞的天分。刚到舞蹈班时，老师非常器重她，她也很认真地学习。

但是，当她在学习中遇到了一些练习很久也没有准确掌握的动作时，她就不耐烦了，要求退学。她对老师说："我没有跳舞的天分，不应该在这里浪费时间。"

老师告诉她："那些成功的舞蹈家也不是一蹴而就的，都是通过不懈的努力才成为舞蹈名家的。"但她不听，坚持退了舞蹈班的课。过了几天，她又迷上了绘画。没练几天，她又打了退堂鼓……在这两年里，珊珊前后学习过舞蹈、绘画、钢琴，但一直到今天，她依旧没有一项特长。

心理分析

对孩子而言，世界上的许多东西都是新奇的，今天想玩积木，明天发现玩皮球更有意思，后天看了科幻画报想将来当科学家……其实，随着孩子年龄逐渐增长、认识能力的提高、自我控制能力的加强，孩子的坚持性也会得到发展，即坚持性有一个随着年龄的增长而自然发展的过程。但我们在日常生活中也常常看到，不少成年人做事依然浮躁，缺乏持久性，往往半途而废。显而易见，孩子也很容易出现这方面的问题。

　　有些细心的父母发现自己的孩子做事时有个特点：刚开始时认认真真，时间稍长就会马马虎虎，不耐烦起来了。有时，孩子刚吃饭时很香，没吃两口就东张西望；积木搭了一半，就丢在地上不管，做多了就不做或一拖再拖。由此可见，缺乏坚持性是很多孩子的通病。但也有些父母会告诉你：他们的孩子虽然小，但做事情已经能够持之以恒了。这就说明，孩子的坚持性是可以培养的。

　　培养并保护孩子坚持与认真的品质，对孩子未来的工作及人生态度都有重要的影响。很多时候，生活中的一件小事便可影响一个人的未来职业或生活。在生活中，父母可以充分利用各种机会培养孩子的坚持性。比如，孩子喜欢花草，父母可以利用家中的阳台，买来花盆和一些花籽，教孩子种花草，让孩子在培育花草的过程中，观察植物生长的过程，如何时发芽、长叶、开花，体会一个生命的成长。在这个过程中，要让孩子明白：无论你怎样着急，你今天撒下种子，它不会明天就长大。要想有收获，你必须耐心等待，给它浇水，有时还要松土，并让它享有充足的阳光。这样一来，就让孩子明白，要想成功心须要有持之以恒的坚持精神。

　　所谓"不积跬步，无以至千里；不积小流，无以成江海"，说的就是缺乏坚持力的人是无法取得成功的。美国心理学家威蒙曾对150名有成就的较高智商者作过研究，发现他们的成功与三种性格品质有关：一是坚持力；二是善于为实现目标不断积累；三是自信。由此可见，持之以恒的坚持力对一个人的成功是多么重要。

　　孩子做事缺乏耐心，虎头蛇尾，或者胆怯懦弱，遇事优柔寡断的现象普遍存在。在孩子做事没有耐心、不能坚持下去时，父母一定要坚持，不能因为孩子的要求做出让步。如果每次都是孩子一有要求，父母就做出让步，孩子做事就会越来越没有耐心，遇到一点困难就无法坚持下去。

在日常生活中，父母可以利用身边的小事来锻炼孩子做事的坚持力。如洗碗、擦桌子、收拾房间等，刚开始，孩子可能会边说边做，父母可以在一旁督促孩子，让孩子用心去做，直到把一件事做完为止。要让孩子明白，做任何事情都要坚持把它做完。

具有坚持力的孩子在学习时，往往会认真对待每一节课，认真完成每一次作业，日积月累就会取得好成绩。缺乏坚持力的孩子则往往表现出没有耐心，无法坚持做完一件事情，给学习和生活带来困难。培养孩子的坚持力，对孩子今后的人生道路有很大的影响。因此，父母一定要对孩子的坚持力进行训练。当然，这也需要父母具备足够的坚持力。

父母这样做

第一，帮助孩子正确认识挫折。父母可以给孩子讲述名人成功前的挫折经历，或自己小时候的挫折故事，让孩子懂得生活中随时可能遇到挫折，只有克服困难，才能取得成功。

第二，适当设置一些困难，让孩子体验挫折。有时候，要适当地让孩子在莽撞中吃点苦头，切身体验一下。但更重要的是适时地帮助他总结失败的原因，鼓励他再去尝试。在日常生活中，父母可以有意识设置一些困难，如让孩子自己穿衣、系带、铺床、收玩具等，鼓励孩子自己的事自己做，不会的事学着做。

第三，和孩子一起分析挫折原因，教会孩子对待挫折的方法。一是自我鼓励法："这次虽然没得到第一名，但比在中班有进步了。"二是补偿法："我跳舞不行，可画画不错，要努力画，争取参加书画比赛。"对娇生惯养的孩子，父母不妨让他受点冷落。父母要注意用一些机会赞扬别的孩子的优点，慢慢让孩子习惯有人比自己更优秀的事实。对孩子的缺点，不管他如何吵闹不听，也要坚决制止，帮助他克服。

第四，应为孩子提供获得成功的机会。父母要根据孩子的个性特点、能力水平，提出适当的要求，让孩子做力所能及的事，使孩子通过成功的自我激励，体验成功的喜悦，获得信心。不管什么原因，当孩子不能面对挫折时，父母应以乐观的情绪感染孩子，如"这点小事怕什么，让我们一起克服"。

第五，让孩子了解挫折和成功的关系。遇到挫折并不意味着失败，没有挫折也不一定就是成功。父母要教会孩子权衡利弊得失，随时保持平和乐观的心态。

04 勇敢地面对艰难险阻

情景案例

有一次，妈妈带 4 岁的强强到公园玩。强强高兴地在公园的草地上跑来跑去，像一只脱缰的小马。一会儿，他跑累了，就躺在草地上，打起滚来。突然，听到强强尖叫一声，妈妈赶快跑过去。只见他脸蛋都吓白了，一把抱住妈妈，惊恐地叫："一条虫子，我害怕！"妈妈走近那块草地，仔细找了半天，才看见有一条 2 厘米长的绿色虫子。

妈妈把虫子捏起来，放在掌心里，然后对儿子说："这条虫子没有什么可怕的，它不会咬人，是条草虫子。"

听到妈妈这么说，强强才敢凑过去，仔细地看着虫子。

"来，把虫子捏起来。"妈妈说。

强强一听，吓得倒退了两步，一边摆手一边对妈妈说："我不敢，我不敢！"

"不用怕，你是个男子汉，还害怕一条小虫子？"妈妈鼓励强强。

强强听到妈妈的话，鼓起勇气走过去，小心翼翼地用手碰碰妈妈手心里的虫子，见它没什么反应，便慢慢地捏了起来。

"强强真勇敢！"妈妈高兴地对强强说。

这时，强强看着被自己捏在手中的虫子，也高兴地笑起来。

心理分析

造成孩子胆小怯懦性格的原因是多方面的，主要是环境与教育的影响。比如，父母过度限制孩子的活动，不准孩子单独外出，不让孩子接触同龄伙伴，造成孩子不合群，缺乏基本的交往能力；父母过分娇宠孩子，事事包办替代，使孩子丧失锻炼的机会；父母过分严厉，导致孩子整日战战兢兢。

如果孩子在很多事情上经常表现出畏惧、退缩，不愿主动去尝试，甚至不能表达自己的想法和观点，这个孩子也许存在一定程度的胆怯。不过，即使如此，父母也没必要不知所措，更不可以给孩子打出"胆小鬼"的旗号。

面对孩子的怯懦，父母千万不能大声指责、嘲笑孩子，因为孩子的心中已经充满困惑和疑虑，这样做只能加剧他内心的恐惧感。孩子的情绪容易波动，高兴时高声说笑，生气时低声怯怯。这些都是正常的情绪反应，父母要尊重孩子低声说话或保持沉默的权利。

人的勇敢精神是靠从小培养、经常锻炼逐步形成的。如今的独生子多数都活泼好动，能言敢为。但也有为数不少的孩子胆小怕事，平时沉默寡言，不愿跟大家一起玩，没有同龄孩子那种爱动、贪玩、好奇的特点。他们很腼腆，说话声音低微，主动要求少，甚至不敢一个人外出等。这就是我们通常所说的胆小孩子。

很多父母在谈到孩子胆怯时，常常忧心忡忡：担心孩子不敢大声说话，社会竞争如此残酷，将来怎么闯天下；忧虑孩子难诉委屈，将来可能不会保护自己，怀疑孩子的退缩会无法面对未来激烈的竞争。虽然父母的顾虑是完全可以理解的，但他们对胆怯的认识有失偏颇。父母需要把孩子当成孩子，用孩子能够接受的方式来对待他们，用孩子的标准来判断衡量他们。孩子声低并不一定代表胆怯自卑，声高并不一定代表勇敢自信，否则，何以解释孩子一时的腼腆、害羞呢？孩子对周围环境的认识相当有限，一时的回避退缩在所难免。只要胆怯没有使孩子感到不快乐，没有使孩子失去自信，没有使孩子裹足不前，没有阻碍孩子求知探索，都是可以理解和接受的。

对孩子的胆量，要从小培养；对孩子的勇敢精神，应从小训练。要锻炼孩子的勇敢，应多鼓励孩子去探索，而不是处处阻拦，什么事都严格控制。当然，孩子要冒险就有可能遇到困难和危险，勇敢并不等于蛮干。这也是父母必须注意的。

父母这样做

第一，创造温暖和睦的家庭气氛。父母之间或家庭其他成员之间要互敬互爱，有分歧切不可当着孩子的面吵闹。不要粗暴地对待和恐吓孩子，以防孩子产生恐惧不安心理。同时，父母要为孩子树立自强不息、积极进取、勇于开拓的榜样。

第二，多鼓励，多表扬，批评要慎重。父母对孩子要多鼓励、多肯定："你能行！"这样做，可以帮助孩子树立信心。即使孩子做错了事，父母也不应粗暴禁止，当众训斥和羞辱。否则，就会使孩子自暴自弃。

第三，培养孩子的独立自主能力。父母应鼓励孩子做力所能及的事情，帮助孩子实现那些合理而又可能达到的愿望，不要过多地限制和包办，但不可勉为其难。让孩子保持良好的心境做喜欢做的事，对消除孩子的懦弱感是一个自然而有效的方法。

第四，给孩子锻炼的机会。父母可以提一些简单的问题让其回答，答对了请大家为他鼓掌。做游戏时，让孩子担任容易的角色。家里来了客人，让孩子倒茶、递糖，和客人一起聊天或表演一个节目等。平时多带孩子走亲访友，参观游玩，用有趣的活动帮助孩子克服胆怯心理。

05 跌倒了，让孩子自己爬起来

情景案例

春子和秦刚夫妇有一对宝贝儿女，9 岁的儿子正男和 5 岁的女儿美子。春子是个很温柔的女性，她平时对待孩子总是和蔼耐心。她尤其疼爱小女儿，整天把她打扮得花枝招展。但是，她却从不溺爱孩子。

一个初春的黄昏，秦刚下班回到那个宁静的小院。春子正在洗衣服，美子淘气地追逐着一只红蜻蜓。美子突然看到秦刚，不由喊一声："爸爸！"她张开两只小手，朝秦刚扑来。谁知，她被一块小石子绊了一下，顿时失去重心，"扑通"一声摔倒在地。

"哇……"美子疼得大哭起来。秦刚想上前搀扶，却被春子一把拽住了手。

"美子，不许哭，自己站起来！"春子对着女儿大声嚷道。见女儿仍然哭泣着不肯起来，春子再次怒喝一声："不许哭，站起来！"

春子神态严肃，与往常笑眯眯的样子判若两人。秦刚惊异地望着这位"狠心肠"的娘，感到不可思议。

美子终于止住了哭声，一双大眼睛委屈地望着母亲，自己慢慢地爬了起来。

春子这才一把抱起女儿："我的宝贝，真乖。听妈妈的话，摔倒了自己站起来，将来一定是个好孩子。"

美子懂事地搂住妈妈的脖子，奶声奶气地说："妈妈，我听你的话，再也不哭了。"然后，她瘸着小腿，一拐一拐地又去玩耍了。

心理分析

科学家居里夫人曾说过这么一句话："我的最高原则是：不论任何困难，都绝不屈服！"一个人只有具备承受挫折并百折不挠、不向失败屈服的精神，才能取得成功。

俗话说得好："困难像弹簧，你弱它就强。"父母应当鼓励孩子跌倒了自己爬起来，鼓励孩子面对困难、克服困难，成为生活的强者。有位教育学家认为，如果孩子的生命是一把披荆斩棘的刀，那么挫折就是一块不可缺少的砥石。为了使孩子生命的"刀"更锋利些，父母应当坚决摆脱过分保护的教育方式。

然而，很多父母却不明白这一点。他们总是不敢让孩子去经历风雨和困难，认为这就是保护孩子。其实，这种想法是错误的。困难和挫折可以磨炼人的意志，对孩子健康成长有着深远的意义。如果一味地保护孩子，就不可能让孩子形成坚强的意志，而一个意志薄弱的人又怎能成才呢？

人的一生总会经历摔跤和失败，这个时候，父母要做的是鼓励并协助孩子自己爬起来，而不是在孩子跌倒的时候，赶紧跑过去扶起来。否则，孩子就会产生依赖心理，以后如果再跌倒，就会一味地寻求父母的保护与帮助，而不会自己爬起来。

每一个孩子都是一块璞玉，关键在于父母怎么去雕琢他。在孩子摔倒的时候，父母应当鼓励孩子自己爬起来。孩子的每次失败都给孩子一个很好的教训，让他以后的人生步子更稳健。只有让孩子自己勇敢地站起来，孩子才能坚定地走上健康成长的道路。

父母作为孩子的第一任老师，不论希望孩子将来干什么，都要培养孩子从小学会面对困难、面对挫折，不能一味地将他们视为掌上明珠，不让他们受一点委屈，以为多给孩子方便、少让孩子遭受挫折就是爱孩子。实际上，这样做等于剥夺了孩子培养吃苦精神和创造力的机会，孩子长大后往往陷于平庸和无能。

人只有经历过挫折，从小培养顽强的意志力、忍耐力，具备坚韧不拔、不屈不挠的精神，最终才会获得成功。给孩子一点挫折，对孩子的一生是大有益处的。父母应放手让孩子独立面对生活的各个方面，并适当地进行小小的"刁难"，促使孩子独立解决。孩子几经"折磨"，将来就不会像温室里的豆芽那样一碰就断。

古今中外的教育理论和教育实践都证明：挫折教育可以增强孩子的适应能力、磨炼孩子的意志并形成一种自我激励机制，具有其他教育难以替代的作用和价值。这正是孩子健康成长与全面发展所必备的"壮骨剂"。

父母这样做

第一，对孩子进行挫折意识教育。父母要首先排除"怕"的干扰，敢于放手，不怕孩子撞墙壁、碰钉子。让顺境中成长起来的孩子看到，出现挫折是一种必然，一定要勇敢地面对它。成功的人大多是不怕挫折、有能力经受挫折的人。父母要让孩子明白，人人都会遇到困难和挫折，它是人生最亲密的朋友，关键是如何面对它。要引导孩子正确对待挫折，教育孩子面对挫折不害怕、不退缩，敢于迎着困难上，树立战胜挫折的信心。

第二，培养孩子的挫折承受力。增加孩子应对挫折的经验，提高他们战胜挫折的能力。能力不是通过说教得到的，而是磨炼出来的。根据孩子的年龄段，有意识地给孩子设计一些困难，给他们提供克服困难的机会，培养他们良好的耐挫力和积极乐观的人生态度。还可根据孩子的具体情况，创造一些高于孩子承受力的难题或情境，暴露他们的弱点，发现问题，激发动力，即让孩子多吃苦，多储备能量，在吃苦中获得经验，在储备能量中增长能力。

第三，有意制造挫折情境磨炼孩子。在逆境中，很多孩子都容易产生消极反应。他们往往会垂头丧气，甚至采取退避的方式回应逆境。这是父母最不愿意看到的现象。在这时，父母最需要做的就是鼓励孩子走出逆境。著名心理学家马斯洛认为，挫折可分为若干层次，从低层次挫折向高层次挫折的发展是良好的社会状况、良好的个性成熟的迹象。挫折在形成自我激励、自我强化和坚强意志等心理素质的过程中，是必不可少的。适度、适量的挫折，能为孩子创设提高心理自我调节能力、克服困难的情境机会。父母在孩子成长的过程中，应有意识地创造一些适度的挫折情境，使孩子提高抗挫折的能力。教育孩子正确应对日常学习、生活中的挫折，培养孩子处理和应对挫折的能力。

　　第四，提升孩子解决难题的能力。挫折是一种珍贵的资源，也是一种人生的财富。父母应引导和培养孩子在不同情境下战胜挫折的应变能力，激发孩子的知识积累和大脑潜能，激发他们探究未知事物的兴趣，提高他们解决问题的能力，并从中获得可贵的人生智慧和坚忍的意志品质。

06 培养孩子坚忍不拔的精神

🎭 情景案例

明子在学习上可是让妈妈操碎了心，老师总是批评明子学习不努力。为此，妈妈每天都抽出时间陪明子，时刻督促他学习。这天吃完晚饭，妈妈收拾停当后，又悄悄来到明子的房间，准备帮明子复习功课。一进屋，妈妈就看见明子咬着铅笔，坐在书桌前发呆。

"明子，你不学习，坐在那里发什么呆啊？"妈妈赶紧走到明子身边。

"妈妈，这些题也太难了吧？您看这又注水，又放水，怎么让人计算啊？"明子看见妈妈来了，马上发起了牢骚。

妈妈拿起明子的数学课本，发现原来是一道数学应用题。虽然题有些绕，但并没有明子想象中那么难。妈妈知道，明子又犯了畏难的毛病了，一遇到困难就想逃避。于是，妈妈把书放到明子面前，说："明子，其实这道题没有你想象中那么难，你再好好看看，熟读两遍题。只要理解了题意，自然就知道解法了。"

"我都看了好几遍了，就是不知道怎么做。我看，还是您给我讲讲吧！"明子不耐烦地将书推到妈妈面前。

"不行，每次只要遇到难题，就让妈妈讲，为什么你不自己好好思考一下呢？"妈妈这次表现得很坚定，"明子，学生在学习中不能偷懒，更不能有畏难情绪。这世界上哪件事情是容易做的？一遇到困难就退缩，怎么能学好呢？"说完，妈妈转身走出了明子的房间。

看着妈妈离去的身影，妈妈刚才的话语不断在明子的耳边响起。"对，为什么一看见难题就退缩呢，这回一定要认真解答，不能让妈妈小看我。"明子一边想着，一边又拿起数学书，仔细地看、认真地想。不一会儿，在明子的努力下，这道题终于解开了。看着自己演算的公式和答案，明子别提心里多高兴了。

"妈妈，我算出来了，我终于靠自己的努力算出来了!"明子高兴地喊着。当他转过头时，看见妈妈早已微笑着站在身后。

"妈妈说得没错吧？迎着困难勇往直前，就会取得胜利。"妈妈赞许地对明子说。

"嗯!"明子使劲点着头，"妈妈，我以后一定要克服畏难情绪，努力学习!"

心理分析

像明子这样对学习等存在畏难情绪的孩子不在少数，他们一旦在学习或生活中遇到困难，首先选择逃避，而不是想办法怎样去解决问题。如果不是明子妈妈及时教育，纠正孩子遇到困难就放弃的不良习惯，明子将来还能做什么呢？

其实，学习只是一个过程，关键并不在于学成了什么，而在于怎么学。而学得好与坏，主要取决于一个人的学习习惯和学习态度。因此，学习不仅是一个认识过程，也是一个行为过程，更是一个人个性品质的发展过程。学习，贵在坚持。

在学习中，有些孩子会说他天生对学习不感兴趣，所以不能在学习过程中做到持之以恒。其实，世界上根本不存在天生爱学习或天生不爱学习的人，只不过很多孩子都跟明子一样，总是为自己的懒惰行为找借口。

一些独生子女在学习过程中没有恒心和毅力，不是虎头蛇尾，就是半途而废，学习无法有始有终。一些父母在教育孩子时，忽略了孩子的畏难心理，发现孩子不爱学习、不努力学习就只是干着急而束手无策。而一些溺爱孩子的父母觉得孩子不爱学就算了，何必强求孩子呢？这些错误的心理直接影响了孩子在学习道路上前进的脚步。其实，学习就好比一个吃核桃的过程，如果不把坚硬的外壳打碎，我们永远也尝不到它的美味。一旦孩子通过努力打碎了外壳，尝到了美味，就会体验到成功的乐趣，也会因此建立起对学习的信心，提高学习的兴趣。但这需要一个过程——一个苦尽甘来的痛苦过程，而这个过程离不开持之以恒的精神和不畏艰难的决心。

然而，那些没有付出努力的孩子，由于体会不到成功的喜悦，失败的次数多于成功的次数，自然就会对学习失去信心，不够坚强的个性和容易动摇的意志让他们在学习的道路上始终停滞不前。学习就像任何事情一样，不付出巨大的努力，是很难取得成功的。这就好比蜗牛，要想爬上金字塔的顶端，没有持之以恒的精神是根本无法做到的。

父母应该着力培养孩子坚韧不拔和持之以恒的精神，这样才能使孩子不断进取，最终获得成功。其实，畏难情绪不仅存在于学习中，很多人都存在畏难情绪。去陌生的环境，嫌麻烦；做不感兴趣的事，嫌麻烦；做复杂的算术题，嫌麻烦；记信息量大的材料，嫌麻烦。这都是由于懒惰、散漫，缺乏自信，意志力不强，做事缺乏动力，对成功没有渴望等原因造成的。

成功在于坚持，坚持到底就是胜利。任何成功都离不开不懈的努力和追求，浅尝辄止、一曝十寒、心猿意马、朝三暮四的人最终只会两手空空。因此，父母要时刻注意培养孩子坚定的信念和坚持的精神。

父母这样做

第一，教育孩子成为有理想的人。

心有多高，就会飞多远。父母帮助孩子摆脱学习上的畏难情绪时，一定要引导孩子树立理想，让强烈的渴望充分调动孩子的潜能。父母首先要知道，如果想要孩子成功，一定要帮助孩子设立目标，并在设定目标之后坚持不懈地努力。如果孩子有了目标，但在实现梦想过程中放弃了目标，画地为牢，就等于限定了孩子的理想高度。如果孩子感到在追寻目标的过程中心有余而力不足，就要引导孩子重新审视自己的目标。如果目标和方向没有错误，父母就应帮助孩子朝着既定的方向全力而行。

父母可以通过成功人士克服困难取得成功的事例，教育孩子在追梦的过程中不要轻易放弃。虽然可以有短暂的调整，但不要为自己的退缩找借口，一定要努力坚持下去。在人生的道路上，只有把握住理想，并用现实的方法去努力，才能做成自己想做的事，走完自己想走的路。

第二，培养孩子的自信。

自信是战胜畏难情绪最有力的武器。当孩子出现畏难情绪时，父母首先要通过积极的心理暗示，让孩子坚定自己战胜困难的信心。比如，在难题面前，要让孩子树立"这个问题难不住我""我就不相信自己解决不了它"等信念。当孩子遇到困难时，父母要多鼓励孩子，对孩子说"你行，你很棒"。这样一来，你会发现孩子自信心倍增。父母要及时发现孩子的变化和进步，从而坚定孩子的信心。

要让孩子正确面对失败，告诉孩子失败并没有什么可怕的，爱迪生的每一项发明都是从失败的教训中得来的。人生最怕的不是失败，而是在失败中一蹶不振。父母要正确引导孩子坚持下去直至成功。

父母要让孩子相信自己的能力，帮助孩子了解自己，清楚自己的长处和不足，知己知彼，百战不殆。孩子只有真正了解自己，才能坚定不移、坚持不懈地去努力。

第三，寻找成功的路径。

父母要教育孩子认真学习，专心听讲，并积极参与课堂教学活动。学习中的重点、难点，应力求在课堂上解决。要引导孩子反思自己在学习中所犯的错误，举一反三，找到解决问题的对策。

父母要引导孩子在学习中培养能力，如理解能力、阅读能力、概括能力、创新能力等。一旦能力提高了，许多问题就会迎刃而解。父母一定要培养孩子滴水穿石的精神，在学习的过程中增强计划性。学习方法没有固定的模式，而是因人而异，需要孩子在学习过程中不断地摸索、总结，找出适合自己特点的方法，才能找到成才之路。

父母一定要在孩子的分数上保持平和的心态，不要让偶尔不理想的分数，葬送了孩子对学习的兴趣。父母要努力帮助孩子寻找失败的原因，让孩子信心百倍地迎接挑战。

父母要克服急躁心理，循循善诱。父母为了帮助孩子克服畏难情绪，首先要改变自己的急躁情绪，不要有"恨铁不成钢"之类的教训口气和不耐烦的情绪，更不要因此打骂孩子。对孩子要做耐心细致的工作，通过亲切的口吻、生动的话语、鼓励的方法，化解孩子的畏难心理，激发孩子的自信心，鼓励他们坚持下去。

07 要舍得让孩子吃点"苦头"

情景案例

林林从小生活环境优越，被父母娇生惯养。由于他刚出生时有些弱小，爸爸妈妈常常怕林林的身体吃不消，就不让他从事体力活动。不要说劳动了，就是洗洗碗筷、扫扫地，妈妈都会心疼不已，怕把孩子累着。于是，林林养成了懒惰的毛病，什么时候都是饭来张口、衣来伸手，做什么都觉得累。

今年，林林开始上学了。刚开始，他对学习还挺有兴趣的。但随着学习的深入，林林觉得学习好累啊，每天都要写那么多的作业，简直太辛苦了。于是，他常常偷懒，学习开始不认真，甚至有时连作业也完不成。爸爸妈妈看在眼里，因为心疼孩子，有时心想：算了，孩子也挺不容易的，那么小的年纪，就要学那么多东西，累了就让他歇着吧。正是爸爸妈妈的有意放纵，林林更加肆无忌惮了。

这天，由于林林没有完成家庭作业，上课睡觉，老师请来了林林的妈妈。

"林林妈妈，最近林林的情况您知道吗？他常常不完成家庭作业，还时常在课堂上睡觉。这次请您来，就是想跟您了解一下孩子在家里的情况，看看怎样能够让孩子认真学习。"老师直截了当地向林林妈妈表达了自己的想法和建议。

林林妈妈一听老师要跟她谈林林的学习问题，就满不在乎地说："嗨，其实啊，您说的这些我们也都了解，我们当然也希望孩子能学习好。但是，我们林林从小身体就很虚弱，不堪重负。因此，在家的时候，我们都很怕孩子得病，从不像其他父母那样逼孩子学习。我觉得，孩子的身体最重要。如果身体累坏了，那岂不是更不能学习了，您说是不是？"

林林妈妈这番话让老师皱起了眉头："我看林林的身体并没有你们想象中那么弱，学习也用不着多大的体力。再说了，就是多进行一些体能上的训练对孩子也是有好处的啊！"

"哎哟，您可不知道，我们林林那小身子骨，可是什么都干不了，光学习就让孩子够受的了。现在那些功课多得不得了，还要学这学那，我都替孩子累得慌。算了，反正我们也不打算让林林将来有什么大发展，家里也不指着孩子挣钱，学习好不好无所谓。只要他身体好，生活快乐，我们做父母的就心满意足了。"

老师被林林妈妈这么一说，一时语塞，不知如何应答，只得尴尬地笑了笑："其实，教育不仅是让孩子学习好，更主要的是让孩子学会如何做人、如何做事。我知道林林生活条件优越，但父母更应该注重孩子的培养。试想，一个四体不勤五谷不分的人，不要说懒得学习，估计就是生活也会成问题……"

"您说的这些，我们都明白。您放心，我们会好好教育孩子的。"还没等老师说完，林林妈妈就不耐烦地打断了老师的话，"您看不早了，孩子还在教室饿着呢。我带着孩子先回去，有事您随时找我，让您费心了。"说完，没等老师回应，林林妈妈就转身走出办公室。望着林林妈妈的背影，老师叹了口气。

心理分析

如今的很多父母对待孩子，存在一种共同的观点，就是再穷不能穷孩子。这话乍一听，似乎不无道理。宁可大人吃点苦，也要让孩子穿得好一些、吃得好一些，绝不能苦了孩子，这有什么不对吗？事实上，没有哪个父母不希望自己的孩子幸福。但是，凡事都要适可而止，不能走极端。即便是富裕家庭的孩子，也不能让孩子在"蜜罐"里长大，因为这对孩子将来做人做事没有任何益处。

不想让孩子吃苦的父母，大多是因为自己生在穷困中、长在穷困中，深知吃苦、受穷的滋味，所以不管怎样都不能让孩子再重复自己的老路。另外，现在的社会贫富不均，富家的孩子吃得好、穿得好、玩得好，于是贫家的父母也尽最大的努力，不愿让自己的孩子被别人比下去。这些父母即使节衣缩食，也要满足孩子的任何要求。

其实，这些父母的观点是错误的。孩子小时候为什么就不能吃点苦？很多家长自己不就是在吃苦中长大的吗？现在不是也过得很好吗？而且，从一定意义上来说，吃苦能磨砺孩子坚强的意志，养成节俭、勤劳、坚韧的好习惯。

适当让孩子吃点苦，对孩子的健康成长是非常必要的。俗话说得好："欲保小儿安，须有三分饥与寒。"所谓"饥与寒"，就是让孩子吃点苦。如果孩子连一分饥与寒都体验不到的话，如同温室的花朵娇嫩、脆弱，势必会妨碍他们的健康成长。

从许多方面来看，现在的孩子生活比蜜还甜，但这也使得他们缺乏吃苦的环境。对他们来说，不是吃苦的时间太多，而是太少了。在艰苦生活中能自然而然形成的毅力、自理能力、责任感和技能，现在的孩子却并不容易养成。因此，无论家境如何，父母都要创造一些时机，帮助他们培养这些特质。日本人对下一代的教育是生存教育、受苦教育，从小教育孩子要学会吃苦、学会忍，方能开创更大的生存空间。这种理念值得我们深思。

古语道："小亏不吃吃大亏，小苦不吃吃大苦。"孩子在小时候，吃一点苦、遭遇一些困难，是好事。如果父母因为怕孩子麻烦而代替孩子做事，因为怕孩子吃苦而承担孩子的责任，虽然免掉了孩子的哭闹与纠缠，却剥夺了孩子培养良好品格和发展自我能力的机会，这就是很大的危害了。

"天将降大任于斯人也，必先苦其心志，劳其筋骨，饿其体肤，空乏其身，行拂乱其所为。"父母不管希望孩子将来做什么，都要从小培养孩子的吃苦习惯。如果以为多给孩子方便、少让孩子吃苦就是爱孩子，只会抹杀孩子的拼搏精神和创造能力，实在是得不偿失。

父母这样做

第一，让孩子少吃零食。让孩子吃点苦，可以让孩子"饿"一点。饿一点就是少吃零食。现在的孩子营养够丰富了，父母能吃到的，孩子要吃到；父母不能吃到的，孩子也要吃到。无论到哪里，孩子手里总有吃的东西。要知道，现在让孩子养尊处优，孩子将来必定后患无穷。

第二，让孩子穿着朴素。让孩子吃点苦，就是让孩子穿得朴素点儿。父母一定要让孩子在穿着上养成干净朴素的好习惯，不要让孩子染上那种穿名牌、用名牌的攀比习惯。不然，会使孩子形成不良的消费习惯和高人一等的偏见心态，不利于同其他孩子的合作与交流。

第三，让孩子参加"吃苦"夏令营。参加"吃苦"夏令营，时间虽然不长，却可以积极影响孩子的一生。在"吃苦"夏令营中，孩子离开父母的保护与照顾，独自面对艰苦的奋争与跋涉，经历无情的坎坷与挫折，有助于培养团结、合作、助人的理念和永不放弃的精神。

第四，让孩子到农村体验生活。许多城市里的孩子根本没有去过农村，也不知道农村生活究竟是什么样的。父母可以利用周末或假期，带孩子到农村去，参加农业劳动，体验艰苦生活。这或许是"吃苦"教育中最值得提倡的一个教育方法。

08 爱拼才会赢

情景案例

他5岁那年，父母就去世了。12岁，他开始了全新的生活。16岁，他在一家餐厅当上主厨。18岁，他结了婚，有个漂亮的妻子。过了一段时间，妻子怀了他的孩子。但在喜悦的同时，他被餐厅炒了鱿鱼。他还是不放弃，继续向他的理想拼搏着。他跟他的朋友说，他要有很多钱，去帮助和他以前一样的人，让妻子、孩子过上好日子。他的朋友却说："你别想了，这是不可能的，你等下辈子吧！"但他不因为别人这么说而放弃。时间过得很快，转眼他已经老了。他在年轻时开过加油站、饭店，最后都倒闭了。最终，他在88岁时有了自己的事业。

他就是肯德基的创始人——哈兰·山德士。

心理分析

每当孩子超越了一个目标，成功的脚步就走近了一步。当孩子不断拼搏，努力超越目标时，就能取得更多的成功。因此，拼搏的过程也就是超越自我的过程。

成功是靠拼搏得来的。伟大的发明家爱迪生曾经说过："一个人的成功，百分之九十九来源于个人的拼搏与奋斗，还有那百分之一则来自于个人的灵感与思维。"从古至今，无数事例论证了拼搏对于一个人的成功有多么重要。因此，父母应该明确地告诉孩子，在自己的人生事业中付出多少，也将获得多少。成功不是唾手可得的，需要在失败中努力奋斗，在挫折中顽强拼搏，才能换来。

在人生的旅途中，需要拼搏精神；在艰辛的创业中，需要拼搏精神；在学海的奋斗中，需要拼搏精神；在激情燃烧的运动场上，需要拼搏精神。所谓拼搏精神，顾名思义，就是为了自己的目标或远大理想而顽强奋斗、坚持不懈的一种精神。社会在发展，民族在兴旺，但拼搏精神仍是现代生活不可缺少的品质。

随着人们生活水平不断提高，如今的孩子拥有更多的特长、更强的能力。我国出现的神童、天才，无论是数量上还是质量上都超过了以往任何时候。但是，也有数据表明，如今的孩子在吃苦耐劳方面表现也逐步降低。实际上，这里的原因不在于孩子，更多地在于父母。

有一则《鹰》的寓言故事。有人问老鹰，为何要在苍穹中培养自己的孩子。老鹰回答："如果我贴着地面去教育他们，等他们长大了，哪有勇气去接近太阳呢？"

为了培养孩子的勇气，老鹰做出了良好的表率，为孩子创设了拼搏的氛围。这种老鹰精神正是现在的父母应该学习和具备的。如果孩子一碰到困难就唉声叹气，畏惧退缩，将来如何在人生的广阔天空展翅翱翔呢？

父母这样做

第一，要让孩子尝到成功的滋味。只有让孩子品尝到胜利果实的甜美，孩子才会为了赢得成功的果实而付出努力。

第二，拼搏的另一种形式便是耐挫，父母有必要对孩子进行耐挫教育。耐挫教育的目的是让孩子在体验中学会面对困难并战胜挫折，培养孩子的耐挫能力。它不仅包括吃苦教育、生存教育、社会教育、心理教育，而且包括独立、勇气、意志及心理承受力等方面的培养。也就是说，挫折教育的内容是多方面的，它的目的不只是让孩子吃点苦、受点挫折，而是潜移默化地从各方面着手培养孩子的耐挫能力。一旦孩子形成了这种耐挫能力，孩子在遇到困难时就不会手足无措。

　　第三，在孩子面对困境时，父母应予以激励和鼓励。例如："别怕，你行的！摔一跤算什么？你真勇敢！"当孩子一次次战胜困难时，他们便会增添勇气，激起战胜困难的愿望，畏惧感就会消失，自信心就会增强。这时，孩子会认为自己行，可以克服困难，拼搏的种子也就深深地埋入孩子的心中。

Part6

提升共情力，使孩子学会与人交往

01 鼓励孩子参加集体活动

情景案例

小杰学习成绩很好，对老师也很有礼貌，就是从不主动参加集体活动，也不当班干部，说这些都没意义。老师找他谈话："你知道一个人生活中需要多少人的帮助吗？"他回答："我不知道。""那你吃的、穿的、用的是哪来的呢？""我爸爸妈妈给我买的。"老师又对他说："如果没有农民种地，没有工人生产，你能买到这一切吗？"他听了这番话，不说话了。不久，他主动找到老师，主动要求当英语课代表。同学们都说他变了。在以后的学习生活中，他积极参加集体活动，也尽心尽力地完成老师布置给他的任务。

心理分析

这个事例充分说明，只要耐心引导，教育得法，父母能够认识到集体活动对孩子健康成长的重要性，鼓励、支持孩子参加集体活动，孩子的参与意识就会越来越强。

人们常说"重在参与"，这反映的是参与意识的重要性。有些孩子个性比较胆小、喜静，或对活动兴趣不浓，讨厌集体活动中纪律的约束，对集体活动兴致不高。也有的孩子总是被动地生活在"指令"世界里，推一推，动一动，消极应付，这都是孩子缺乏参与意识的表现。

参与意识必须在具体的参与活动中发展。因此，父母要为孩子创造适于参与的环境，提供参与的机会。实际上，孩子大多是非常渴望了解周围的一切，渴望参与家庭活动与集体活动的。因此，在家庭生活中，父母要给孩子"投票权"，让孩子有权对家庭活动安排、家庭布置等提出建议，让孩子意识到自己的存在是很重要的，自己的"一票"也是很神圣的。这样一来，孩子便会自觉自愿地主动参与家庭各项活动。

人的社会属性决定了人不可能孤立地生活，一个人的健康成长离不开集体生活，一个良好的健全集体具有多方面的作用。只有在集体中，孩子才能真正理解个人与集体之间的关系，并学会处理自己与他人、个人与集体的关系，进一步调节和完善自己的行为。

👪 父母这样做

第一，对孩子提供必要的援助。如果需要，可以通过提供必要的玩具、游戏材料、空间与时间，让孩子与亲朋邻里的孩子游戏交往，鼓励他们参与社区及幼儿园、学校组织的各种类型的丰富多彩的集体活动，可以利用节日游园、郊游踏青、参观游览、走亲访友、演出比赛等机会，有意识地安排孩子与集体频繁接触，增进孩子对集体活动的了解与认识，提高孩子参与的积极性。

第二，引导孩子在集体活动中发挥主动性。毫无疑问，并非所有人在集体活动中都能迅速成长。如果被动参加，"身"在"魂"移，不仅收益不大，还会造成学习浪费。为此，父母要引导孩子以积极的心态走进活动、融入活动，在调节紧张学习节奏的同时，全面开发生理感官的功能，把动手和动脑、学习和创造、娱乐和思索、内化和外化有机结合起来，促进身心和谐发展。

第三，让孩子体会合作的愉快。平时，家庭中可以开展合作游戏。如赛跑、下棋等，让孩子懂得有些事要大家合作才能完成好。也可让孩子自己找朋友，从跟他喜欢的伙伴共同参与逐步过渡到大家共同活动，用同伴的热情感染、带动孩子。在集体活动中，父母要向孩子提出具体要求，分配具体任务，活动项目也应有助于孩子之间的互助合作。

第四，多给孩子表扬和鼓励。孩子在集体活动中的点滴进步和突出表现，父母都要给予肯定。例如："明明在今天的活动中帮助了小芳，我们要向他学习。""毛毛，你今天的表演真棒！""东东今天表现得有进步，下次活动肯定更好。"类似这样的鼓励性语言是孩子参加集体活动的无形动力，父母不要放掉任何一个表扬、鼓励孩子的机会。

02　让孩子尝到分享的甜蜜

情景案例

女儿像许多孩子一样，自我意识强烈，有时会霸着东西不给别人吃。但赵太太不会因为"她还小，不懂道理就算了"的理由而放弃教育，而是坚持跟她讲道理，让互相分享的观念在她心中潜移默化地树立起来。

5岁的女儿一向胃口好，这一天的晚餐也不例外。吃到最后一块鸡肉时，赵太太说："爸爸还没吃完，这块留给爸爸吃吧！"

"爸爸吃别的嘛。"女儿嗲声嗲气地说道。

"爸爸工作很累，要多吃些。"

"我也累。"小家伙也有她的理由。

"你干什么累呀？"

"我跑步呀！我跑了一圈两圈，好多圈呢！"

经过一番理论，女儿不情愿地说："那好吧，我吃鸡皮，不吃肉。"

心理分析

在分享的问题上，只要孩子有一点好的表现，父母就要加以表扬。一次小小的进步就大力表扬，会让孩子欣喜地发现，原来自己的行为可以让父母如此快乐。下次遇到同样情况，他就会很容易回想起父母上次的反应，从而逐渐修正自己的行为。

生活中，常见一些父母强迫孩子把手中的东西分给别人。其实，这些父母是在担心孩子长大之后，会变成一个"小气鬼"。

可是，静下心来，仔细想想：换成自己，如果一个比你高大有力的人强硬地夺走你心爱的东西而不顾及你的感受，又该如何呢？

从心理学的角度分析，大多数人都不太愿意把自己心爱的东西分给别人。孩子不愿意和人分享，往往是觉得分享等于失去，而失去喜欢的东西会让自己痛苦。针对这种心理，父母应告诉孩子，分享不是失去，而是一种得到，是一种互利。把好东西与人分享，可以得到友谊，得到快乐。只要对别人付出了关心和帮助，别人也会报以关心和帮助。这样一来，我们就可以交到很多值得信任的朋友，享受到友谊的乐趣。认识到分享的实质后，孩子将会从心理上不那么抗拒和别的小朋友共享玩具和食物了。对于这一道理，年龄较大的孩子更容易理解。

从小培养孩子与人分享的习惯，这不仅是一种礼仪，更是一种健康的心态，也是社会进步、现代文明的生动体现。在家庭里，父母与子女的爱不是单向的，而是双向互动的。做子女的不仅接受来自父母的爱，更应该懂得爱的反馈和回报。而这些事情在生活中会有很多，关键是父母要善于引导。

一个人如果和他人一起分享自己的快乐，就能使快乐加倍；和他人一起分担自己的痛苦，不仅可以使痛苦减少，还能促进彼此的理解。懂得分享的孩子，不仅能给自己带来收获，还能使他人感觉到对自己的需要。

父母这样做

第一，建立安全感。在物质丰裕的今天，做到这一点并不难。自私的前提往往是缺乏，你给了他满足，他在获得安全感后，自私的想法就会淡化。如果孩子只有一颗糖果，他当然不喜欢把它分给别人。但是，如果他有很多很多的糖果，他就会拿出自己的一部分，乐意去分享剩下的一部分。当他体验到分享的快乐时，逐步减少他自己的分量甚至完全共享是完全可以做到的。

第二，父母率先垂范。这虽是老生常谈，但确实必要。虽然孩子和父母多有不同，但其实孩子除了没有世俗的考虑外，在心理方面和父母有很多共通之处。父母经常设身处地地站在帮孩子的角度去想问题，就会体谅孩子的用心。事实上，自私自利的父母是很难培养出大方的孩子的。如果孩子的父母具备助人为乐、与人分享的美德，孩子就会看在眼里、记在心里，表现在行为上。当然，在适当的时候，父母还要给予孩子必要的指导。比如，过年时带孩子拜年，送礼物，告诉孩子这是和别人交流和沟通的方式，大家可以增进感情。平时在家里，父母也不要有自私的表现。双重标准是很多父母的家庭教育归于失败的主要原因。

第三，多结识大方的同龄的好朋友。大人有大人的世界，孩子有孩子的世界。如果说大人的榜样很重要，那么同龄的带领就会更加实在。孩子下意识会向同龄人学习和进行比较。因此，让孩子多结识一些大方的伙伴是十分必要的。

第四，让分享成为自觉自愿的行为，这对年龄小的孩子来说是有一定困难的。对自己所喜欢的物品所表现出的占有欲是孩子固有的特征，而每一次的分享也不可能在父母的强求和专制下进行。父母可以用快乐的情绪真实地和孩子分享，对孩子每一次小小的进步都要给予及时的肯定和表扬，从而强化孩子的分享行为。

第五，手把手教分享。有人会说，分享也要教？不就是把东西给人家吗？事实上，除了简单的应激反应，孩子就像一张白纸，很多事情都需要学习。即使是父母，有时给人送礼也会尴尬或犹豫吧？有时，孩子并不想自私，却不懂得如何去表现。父母要关注孩子的思想，带领孩子走入分享的前几次。比如，教师节快到了，孩子总想送点东西给老师，却不知送什么、怎么送。这时候，父母就可以与孩子一起商量、一起行动。在父母的指导下，孩子会在与老师的交流中感受到分享的快乐，学习到分享的经验。

03 纯真的友谊让孩子受益无穷

情景案例

妈妈正忙着做晚餐，突然电话铃声响了起来。在一边看报纸的爸爸站起来接起了电话。对方说："你好，请问志刚在家吗？"这时，爸爸生气地说："志刚刚才和他妈出去办事了。如果没有什么重要的事情，请你以后不要再往家里打电话了，以免影响志刚的学习。"说完，爸爸"咣"的一声把电话挂了。

正在书房做作业的志刚走过来问："爸，刚才是谁给我打电话啊？我明明在家，您怎么不让我接？"爸爸说："能有谁啊？就是最能给你打电话的赵杰啊。真是的，有事没事老给你打什么电话啊，太招人烦了。"志刚一听，十分生气："爸，您怎么可以这样做呢？赵杰可是我的好朋友啊，他肯定是要告诉我参加体育小组比赛的事情。您为什么要说人家讨厌啊？"爸爸眼睛一瞪："你怎么这么不懂事呢？总喜欢和一些学习成绩差的人交往，对你也没有什么帮助，反而会带坏你。与其参加体育比赛，还不如把时间都用在学习上呢！"志刚对爸爸说的话更加不满了："是的，赵杰的学习成绩是不怎么样。可是，他在体育方面相当不错，是我们班的榜样人物，而且在班上乐于助人，老师和同学都喜欢他。"爸爸一听，更来劲了："体育好又怎么了？你以后也不打算靠体育吃饭啊。只要你好好学习就行了，操那么多心干吗？"志刚站在那里一动不动，本来还想说几句话，一下子又咽了回去。这时，爸爸接着说："这样的话，我都和你说了几次了，让你不要和这样的孩子交往，你为什么就是不听？你还是多和学习优秀的同学交往，看看人家是怎么把成绩提上去的。以后，不许你和这样的同学交往！"

心理分析

人们经常说："近朱者赤，近墨者黑。"作为父母，平时最担心的可能就是孩子结交一些坏朋友，受到不良影响。但是，孩子到一定年龄必然会交朋友，这是不言而喻的事实。这时候，很多父母就会动用自己的父母权威，审视孩子的朋友，普遍存在干涉孩子交朋友的现象。他们用成年人的标准去约束孩子交朋友，孩子的家庭背景、性格和喜好都成了他们干涉的依据和理由。有的父母不许孩子和家庭条件不好的孩子交朋友，有的父母不许孩子和父母职业卑微的孩子交朋友，有的父母不许孩子和学习成绩差的孩子交朋友，还有的父母不许孩子和异性交朋友……父母用成年人的标准审视着孩子的朋友，无形中限制着孩子交往的自由，也让孩子的心灵染上了成年人的世故和虚荣。这些做法对孩子的健康成长与全面发展是极为不利的。

有的父母在评价孩子的时候，常把学习成绩的好坏作为衡量标准，认为只有学习成绩好的孩子才是好孩子，学习成绩差的孩子就是坏孩子。为了避免孩子与坏孩子接触，父母就会把这种观点强加给孩子，致使孩子在交友时戴着有色眼镜，小小年纪成为势利眼。这样一来，孩子就会对自己的判断力、自信心产生怀疑心理。

父母关注孩子的交友情况，是完全可以理解的。父母希望孩子从交友中受益，希望孩子不受不良朋友的影响，也是很自然的事情。关键是父母在关注孩子交友的同时，也要注意自身的言行有可能给孩子的健康成长与全面发展所带来的消极影响。

此外，即使是为了了解孩子的交友情况，在一般情况下，父母也不应该在电话里斥责孩子的朋友。这样做，不仅会在无意间触碰到孩子的隐私，而且会破坏孩子与朋友之间的友谊，导致孩子处于孤立的境地，不利于养成良好的性格。

父母这样做

第一，全面、客观地看待一个人。父母首先需要做的是，摒弃自己的错误观点，不要单纯以学习成绩评价一个学生是好还是坏，应该从道德品质、学习成绩、为人处世等方面进行综合评估。这样做，有利于孩子树立正确的世界观、人生观、价值观，提高孩子的综合素质。父母也可以与孩子交流意见，鼓励孩子取长补短，多结交各方面都比较优秀的同学，并以宽容之心看待别人的缺点。

第二，不要用成年人的标准审视孩子的朋友。很多父母喜欢用成年人的眼光看待孩子的朋友，进而干涉孩子的交友自由。要知道，真正的朋友往往是发自内心的相互欣赏和喜爱。友情是同龄人之间纯真的情感，是不能用功利目光去衡量的。父母的看人标准只是属于他们的片面标准，不完全适用于孩子。作为父母，不能用成年人的标准审视孩子的朋友，而应该引导孩子自己去客观判断这个朋友的好坏。

第三，自由并不代表纵容。孩子与成人一样，同样需要自己的交际圈子。如果父母限制了孩子的交友自由，就等于让孩子与世隔绝，得不到有效沟通，孩子就会陷入孤立的状态。所以，一定要给予孩子与朋友正常交往的自由。但是，自由并不代表纵容，父母不可以撒手不管，而应随时关注孩子的交往人群，以免孩子接触一些问题少年，造成不良影响。

第四，适度干预。毋庸讳言，由于孩子年龄不大，很容易与问题孩子交友。父母如果发现孩子的交友已经对其产生了不良影响，如学习成绩下降、迟到早退、说话粗鲁、脾气暴躁，就必须适度干预。需要强调的是，父母一定要注意与孩子沟通的方法，语言要平和，不可施行打骂教育。

04　改变孩子不合群的尴尬境地

情景案例

贞贞的童年跟爸爸妈妈在一起的时间很少，爸爸在外地工作，妈妈又要每天上班，就请了个小保姆来照顾她。这时本是一个孩子牙牙学语的时候，但贞贞却成天只能默默地跟玩具做伴。

日复一日，孩子在这样无声的环境里度过了漫长的两年。到该上幼儿园的年龄了，妈妈把小贞贞送进了幼儿园。上学的第一天，当贞贞看到那么多陌生的面孔时，吓得直往妈妈怀里钻，还一直喊着："妈妈，我不上学，我要回家！"

在幼儿园的日子里，贞贞从不与同伴一起玩，上课时也不敢举手发言。老师提问时，她嗫嗫嚅嚅。同伴在一起开心地玩时，她总缩在旁边不出声，郁郁寡欢……

心理分析

其实，在我们的身边，像贞贞这样的孩子很多。不合群的孩子虽然说不上有什么病，却妨碍他们去适应环境和学习新知识。研究显示，合群的孩子在知识范围、语言表达、人际交往等方面均明显优于性格孤僻、不爱交往的孩子。孩子不合群，性格孤僻，不仅脱离周围的小朋友，而且明显地影响孩子的进取心，甚至损害身体健康。

孩子不合群，跟先天气质有关，但更主要的原因是父母封闭式的教育所致。父母整天把孩子关在家里，把电视机当保姆，与玩具、游戏机和小人书等为伴，不让孩子出去和其他小朋友接触玩耍，担心与别的孩子一起会产生矛盾，甚至会染上坏习气……有个孩子在日记里写道："我没有兄弟姐妹，爸爸妈妈又不让我和别的小朋友玩，唉，我只好把养在笼子里的两只小鹦鹉作为我的伙伴了。"这样下去，天长日久，孩子也成了笼中之鸟了。

在现实生活中，很大一部分孩子存在孤僻离群、不爱与人交往的问题。尤其是独生子女，更容易形成这种习惯。有些独生子女，由于父母长期娇生惯养，放纵不管，导致孩子非常任性，喜欢独来独往。生活中只有自己，很少想到别人。这样的孩子长大以后，很难与人合作，也很难适应社会。

一项调查显示，我国目前有 30 多万儿童患有孤独症，这种情况不得不让人担忧。所以，父母应学会观察并发现孩子的异常表现，及早采取措施，纠正孩子的性格缺陷。

孩子孤僻不合群，会给身心发展造成一定障碍，难以形成良好的个性品质。为此，父母应引起足够的重视。父母要给孩子更多的爱，尤其是当孩子感到别人都不理解他时，如果父母能够理解他，站在他的立场上倾听他的心声，孩子很快就会跟你亲近起来。同时，父母还要帮助孩子改正那些不利于团结的个性品质，如骄傲、吝啬、自私等，培养无私、诚实、勇敢的品格。

父母这样做

第一，积极改善亲子关系。父母要积极改善与孩子的关系，多给孩子一些温暖，关注孩子的生活、学习和健康，每天抽时间与孩子游戏、散步、交谈，使孩子感到自己在父母心中的地位和分量，心中得到爱的满足，从而增强安全感。

第二，找出孩子不合群的原因。孩子孤僻的原因很多，或因为孩子天生性格孤僻，不喜与人交往；或因为父母与孩子在观念上存在巨大的差异，也就是通常所说的"代沟"，父母看不惯孩子的言行，动不动就横加干涉，孩子很反感，所以用沉默来表示反抗；或因为竞争压力大，导致有些孩子在紧张的学习后，需要独处，自我调整，而不想说太多的话。父母应仔细了解孩子孤僻的具体原因，有针对性地和孩子进行沟通，千万不要用粗鲁、蛮横的态度对待孩子。不然，只能适得其反。

第三，让孩子多与外界接触。父母要尽可能地创造条件，让孩子与同龄人多交往。比如，父母可利用节假日多带孩子到公共场所玩，或者常带孩子走亲戚、访朋友，也可以请孩子的小朋友到家中玩。在这些活动中，父母要有意识地增加孩子与他人交谈的机会，让孩子感受到与人交往的快乐。只有这样，才能让孩子慢慢走出孤僻的误区。

第四，经常带孩子参加一些社交活动。父母要经常带孩子参加一些集体活动或社交活动，增强孩子对陌生环境的适应能力。要让孩子懂得，在公开场合应该注意什么礼节，怎样和他人打招呼、聊天等。孩子在家里，父母总是处处都依着他。可在群体之中，孩子就得与他人平等相处。这实际上就意味着父母要着力弥补独生子女本身的不足，不仅锻炼孩子适应社会的能力，而且培养孩子乐观积极的个性。

05 不要忽视对孩子情商的培养

情景案例

小雅是家里的独生女。小时候，父母工作繁忙，于是将她送到乡下的爷爷奶奶家。爷爷奶奶十分宠爱她，什么事都顺着她，使得小雅脾气暴躁，动不动就与别人发生冲突。

5 岁的时候，小雅回到父母身边。面对父母给自己设下的一条条"清规戒律"，她每天都大发脾气："把我送到乡下去吧，我要跟爷爷奶奶在一起。你们俩让我一点自由也没有。"而父母拒绝她的要求时，她竟然当着客人的面，开始大发雷霆，乱摔东西，还经常离家出走，根本不考虑父母的感受。

而与其他小朋友在一起的时候，她也是想什么就做什么，从来不考虑别人的感受。因此，没有小朋友真心愿意跟她玩。

心理分析

情商，又称情绪智力，是心理学家提出的与智力、智商相对应的概念，主要是指人在情绪、情感、意志、耐受挫折等方面的品质。此概念由美国的两位心理学家于 1990 年首次提出，而随着美国哈佛大学丹尼尔·古尔曼教授所著的《情感智商》一书的出版，更加迅速地普及开来。

在情商的概念出现之前，一些心理学家和成功学家大多认为，一个人的成功与其智力有着密切的联系。而现在，成功学家普遍认为，大部分人的智商足以取得成功，但其智力能否充分发挥，关键在于情商的高低。因此，情商决定着一生的成败。

美国心理学家认为，情商一般包括以下内容：认识自身的情绪；能妥善管理自己的情绪；自我激励；认知他人的情绪；人际关系的管理。情商的水平不像智力水平那样，能够通过智力量表准确地测试出来。情商完全是通过后天的培养形成的，而获知一个人情商高低的最好方法，就是对他的日常行为进行观察与分析。

一般来说，高情商的孩子表现为：社交能力强；外向而愉快，不易陷入恐惧或伤感；对事业较投入；为人正直，富有同情心；情感生活较丰富但不逾矩，无论是独处还是与许多人在一起，都能怡然自得。而情商较低的孩子一般表现为：自我意识差，无确定的目标，也不打算付诸实践；严重依赖他人，把自尊建立在他人认知的基础之上；处理人际关系能力差；应对焦虑能力差；生活无序；无责任感，经常抱怨。

教育专家指出，孩子未来的成功，20%取决于智商，80%取决于情商。但是，现在的孩子拥有优越的物质条件，智商发育得比以前任何一个时代的孩子都要充分，他们都具备成功所需的智力水平。之所以取得成功的人还是少数，原因就在于情商培养远远不足。

随着独生子女的出现，父母的教养方式越来越趋向于极端：要么严厉管教，逼迫成才；要么溺爱娇惯，放任自流。这两种极端的教养方式，都会导致孩子的情商低下。孩子难以正确地认识自我，难以科学地管理自己的情绪，难以独立地处理生活中的各类问题。于是，孩子在成长过程中出现了越来越多的心理问题。

因此，父母一定要有正确的家教理念，注重培养孩子的情商。情商不像智商那样与遗传有着直接的联系，它完全可以通过后天有意识的培养来进行提升。父母在早期的家庭教育中，一定

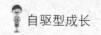

要高度重视对孩子的情商的培养。

父母这样做

第一，父母要提高自己的情商。情商高的父母对孩子的情商培养有着积极的影响作用。因此，要想培养孩子的情商，父母必须先培养自己的情商。如果父母能以身作则地教会孩子如何控制自己的情感，孩子在今后成功和幸福的路上就已经走出了非常坚实的一步。

第二，父母要建立和谐的家庭人际关系。家庭是培养孩子情商的第一所学校。无数研究表明，父母对孩子的情感生活有着长远而深刻的影响。和谐的亲子关系是家庭中的重要关系，它能促使孩子的身心得到健康的成长。如果孩子失去父母的关爱，长期处于孤独、被冷落的状态中，那么在以后的生活中，孩子就会表现出孤僻、胆怯、对抗、攻击等不良心理。因此，父母要学会爱孩子，爱是亲子之间进行情感交流的基础。

第三，注重培养孩子的兴趣爱好。孩子到了 5 岁时，就开始对身边的事物表现出喜欢或不喜欢的态度，对自己偏爱的事物自然就充满好奇心。一旦好奇心得到满足，必然带来兴趣并产生情感。所以，激发和培养孩子的兴趣和爱好，对孩子情商的培养具有重要作用。

第四，注重培养孩子的自我控制能力。自我控制能力是指个体为了实现预定的目的或目标，自觉地调控或制约自己认识或行为的一种能力。自制能力的高低直接影响着孩子的身心和情感发展水平。

第五，加强孩子的社会性发展。社会性是指人们之间的社会交往、建立人际关系、掌握和遵守行为准则及控制自身行为的心理过程。孩子的社会性发展需要更长的时间。孩子从 3 岁开始，非常喜欢同身边的小伙伴一起玩耍，这是孩子社会性发展的萌芽期。4 岁的孩子喜欢帮助父母做些小事情，喜欢听到父母的表扬。5 岁的孩子情绪比较稳定，能够和别的孩子一起做游戏，并愿意帮助他人。在社会性的活动过程中，孩子的独立性逐步增强，注意处理自己和他人之间的关系，注意在活动中与他人合作，社会性交往的目的日益明确，并能重视遵守活动规则。

06　多给孩子创造社交机会

情景案例

4 岁的东东在家是一个很活泼的男孩子，然而他的妈妈却感到疑惑："他在家那么厉害，到外面怎么就蔫了？"东东的妈妈反映，东东在家是特别"捣"的孩子，家里经常被他翻得一团糟。家人批评他，他比大人的嗓门都大，爷爷奶奶是惹不起他的。而这样霸道的孩子到了外面，却像换了个人一样。

前几天，妈妈带东东到广场上玩，那里有好多小孩子。他被一个孩子推了一下，妈妈当时还怕他们打起来不好收拾，没想到，东东却怯生生地看了看那个孩子，立刻跑向妈妈，还流着泪要回家。以后，再说去广场上玩，他都不愿意去，说不喜欢那里，再也不想看到那里的小朋友。

东东的妈妈得知他在社交方面有问题后，就在东东可以进幼儿园的时候，把他"赶"进了幼儿园。其实，东东的妈妈也有些舍不得。可是，想到东东需要同伴，需要学习如何与他人相处，她最后还是狠下心来。过了一段日子，本来在生人面前表现非常羞涩的东东不那么怕见生人了，有时还会在妈妈的朋友面前表演一些小节目。

心理分析

在案例中，东东为什么在家那么顽皮，而到了外边就那么胆小怕事呢？这是因为，他没有很好的社交能力。追根溯源，关键是他的父母平时不注意创造机会培养他的社交能力。好在他的妈妈得知他社交能力存在问题后把他"赶"进了幼儿园，他的社交能力才有所提高。

其实，孩子都很喜欢和小伙伴交往。在他们还不到一岁的时候，父母带孩子在一起，他们会相互摸抓，以表示亲热。等他们稍微大点的时候，就会不断要求父母带他去找小朋友玩。当父母满足了孩子的愿望时，孩子就会特别开心。因此，父母应正确认识孩子与人交往的需要，有意识地创造交往的条件，满足孩子情感上的需要，为孩子创造更多的社交机会。

当今社会，独生子女越来越多。他们从小就被父母娇生惯养，很多事情不用自己操心，父母会替他们安排好一切。这样一来，很多孩子就失去了与人交往的机会。等孩子到了一定的年龄，需要接触到更多的人的时候，他就会在社交方面出现这样那样的问题。

社交能力是每个人一生中需要具备的重要能力。据心理学家多年的研究，许多成年人的不善交往可以追溯到他的幼儿时期。如果孩子不善于交际的问题在儿时得不到很好的解决，那么他日后的性格也很可能不合群、不爱和他人交往，而这必将妨碍他未来的生活与工作。所以，幼儿时期培养孩子的社交能力极其重要。

父母这样做

第一，让孩子多参加家庭以外的社交活动。父母可以在星期天带孩子走亲访友，或者利用长假机会带孩子外出旅游，增加孩子接触社会、与他人交往的机会。还有，如果家里来客人了，而这个时候孩子的时间又不是太紧的话，可以将孩子叫过来，参与交谈。可以让孩子用糖果或饮料招待来宾，也可以让孩子给客人倒茶，还可以让孩子参加与来客的交谈。如果是带孩子外出旅游，还可以让孩子单独购买门票、车票，在父母的陪同下单独到宾馆总服务台办理住宿登记手续等。

第二，父母不要对孩子保护过度。如果因为怕伤害孩子就不让孩子与别的孩子交往，那就大错特错了。同一个年龄段的孩子在一起难免会有小小的冲突，只要没有大的危险，就应让孩子自己去学习处理矛盾。当孩子与其他小朋友抢夺玩具时，会自发地抓住不放。这时，父母不要用成人的礼貌来强迫孩子放弃他自己心爱的玩具，那样会让孩子迷惑，并且会非常伤心。应让孩子有机会保护自己的权利，这也是社会交往的基本规则。

第三，父母要适时地给孩子假设一个与他人平等、友好相处的生活环境，让孩子得到交往的锻炼。比如，尽早把适龄儿童送到幼儿园是发展幼儿交往能力的一条捷径。这是因为，生活在幼儿园里的孩子，有许许多多同伴一起游戏、玩耍，能真正体验到交往、合作的乐趣，容易懂得只有平等、友好地与他人相处，才能得到别人的认可、友爱、帮助的道理。在幼儿园，老师会因势利导地进行有针对性的教育，使每个孩子都能融入幼儿园班集体的大家庭中，享受平等、合作与快乐。把孩子交给老人或雇保姆单独看管绝非良策，因为孩子生活在自我小天地里，长期独处很容易形成不合群或孤僻的个性。

第四，给孩子自由，让孩子自己去尝试。有些父母出于对孩子的关心，怕孩子染病，就让孩子待在家里不让出去。有的孩子在上幼儿园时还没有和其他的小朋友交流过，这样的孩子往往会认生、胆小，不敢与人交流。此外，孩子的表达能力也会很差。

第五，父母应通过各种途径让孩子多接触同龄人。比如，每周给孩子两次以上与其他年龄相仿的孩子在一起玩耍的机会，让他用自己的方式去接受别人、了解别人。父母可以在旁边鼓励他，但不要强迫孩子。慢慢地，孩子就会找到适合自己的小朋友。在与同龄人交往的过程中，孩子可以学到团结、竞争等基本的社会价值观念。即使与其他孩子发生争执，孩子也可以通过争论、辩解来了解其他小伙伴，学习到更多自己以前不了解的知识。这样一来，孩子在与同龄孩子的接触交往中，不仅提高了敢想敢做的勇气，而且学会了礼让、宽容的涵养，还获得了成功的体验、失败的教训。

07 善于与他人搞好关系

情景案例

丁丁的爸爸是旅居美国的华侨。在他 7 岁的时候，爸爸把他送到美国当地的小学读书。因为整个学校只有丁丁一个中国人，所以他在学校没有朋友。就连他的同桌麦克尔也不愿意理他，还经常欺负他。

丁丁把这些情况告诉了爸爸。爸爸问他："麦克尔为什么不愿意理你呢？"

"我听到他和其他美国同学说，中国人都很笨，所以不要理中国人。"丁丁告诉爸爸。

"那你就好好读书，每门功课都要比他们好，让老师也说你好，他们就不会不理你了。"爸爸说道。

丁丁听了爸爸的话，非常用心地学习，成绩进步很快。这让那些美国孩子都很吃惊。渐渐地，他们都不说丁丁笨了。

可是，麦克尔还是经常欺负丁丁，有一次竟然打了他。丁丁很难过，告诉了爸爸。

"麦克尔是个怎样的孩子？你能和爸爸说说吗？"爸爸问丁丁。

"他学习不用功，经常在学校里搞乱，上课也不好好听讲，老师让他回答问题，他什么都不会。"丁丁说道。

"噢，那你想过在学习中帮助麦克尔吗？"爸爸问。

"我为什么要帮他？他总是欺负我！"丁丁不解地说。

"要想不让他再欺负你，最好的办法就是把他变成你的朋友。你觉得呢？"

丁丁想了一会儿，对爸爸说："我知道该怎么办了。"

"好，相信你们会成为好朋友的！"爸爸高兴地说。

后来，丁丁果然主动去帮助麦克尔了。起初，麦克尔还有点迟疑。但看到这位中国同学是真心想帮助自己，他便愉快地接受了丁丁的帮助。过了一段时间，麦克尔的学习成绩有了很大的进步，丁丁和麦克尔也成了最好的朋友。

心理分析

孩子怎样才能处理好与小伙伴之间的关系，确实是一件棘手的事。美国加州大学心理学家劳伦斯·哈特教授在对一些孩子进行长达10年的追踪调查中，仔细观察了这些孩子是怎样生活的——哪些孩子喜欢与人交往、哪些孩子喜欢独处，并对这些孩子的学习进行跟踪调查。最后的研究结果表明，那些善于与人交往的孩子智商较高，往往比较聪明活泼，而且上学以后学习成绩一般都比较好。哈特教授通过分析认为，从小善于与人交往的孩子，不仅容易与人相处融洽，而且可以从其他人那里学到更丰富的知识。

善于与他人交往的孩子在入学以后，不仅能从容地与同龄人交往，而且能从容地与老师等成人交往。良好的人际交往是适应社会的表现。孩子是否善于同别人打交道，在人群中人缘如何，对他以后的学习和人生的发展有很大的影响。因此，父母要重视培养孩子与人交往的习惯。

学生正处在学习知识、了解社会、探索人生和事业的发展时期，与同龄伙伴交往并建立友谊是正常的心理需要。过于封闭自己、不爱与人交往、在同学中的人缘不好，都会影响孩子的交往能力，使孩子无法适应复杂多变的社会，更有甚者，会让孩子形成孤僻、抑郁、偏执等心理障碍。

每个孩子总是希望能够有几个思想上、学习上、生活中志同道合的朋友，能够经常从朋友那里获得鼓励、信任和支持。在与周围的人相处时，朋友的肯定态度总是多于否定的态度。于是，孩子就会感到与他人有一种休戚相关、安危与共的情感，并愿意牺牲自己的利益去为他人谋利益。这是一种自我发展的现实需要。

因此，父母要高度重视孩子的交往问题，加强正确的引导。

父母这样做

第一，培养孩子乐观的性格。现实生活中，乐观的孩子是比较受欢迎的。因此，父母首先要让孩子摆脱自卑。自卑会使孩子感到孤独和压抑，在人际交往中缺少自信，从而产生退缩、逃避行为。父母要告诉孩子，要树立信心，让自己成为一个受人欢迎的人。父母在平时可以鼓励孩子凡事都往好的方面去想，不要老想着不好的事情；教孩子每天面带微笑，出门之前打点好仪容仪表，带着愉快的心情上学校。这些都能帮助孩子自信地面对同学。每个孩子的经历、兴趣、能力、个性都是不一样的，要求别人都和自己一样是不现实的。父母应教育孩子承认人与人之间的差异，并正确对待差异，采取自我约束、积极适应的态度，搞好与同学的关系。在与同学交往中，尽量少麻烦别人，多帮助别人。如果某个孩子在家娇生惯养，到了学校就喜欢经常麻烦别人，要求别人听自己的，帮助自己做这做那，那么其他孩子是很难喜欢他的，孩子与同学之间的关系就会变得非常糟糕。

第二，让孩子多参加集体活动。父母应教育孩子多参加集体活动，让自己融入集体生活中，在集体活动中做一些自己能做的事情，加强与同学的交往，增加同学对自己的好感和信任。在集体活动中，应教育孩子多做事情，少指挥人。如果自己不做事，却喜欢指挥别人，同学就会对他产生反感，讨厌与他交往。父母应教育孩子，在集体活动中要尊重别人，当别人遇到困难时要主动帮助别人，这样就能赢得更多的朋友。父母还应鼓励孩子参加各种体育活动。体育是一种直接与人正面接触和竞争的群体活动，总是要有两个以上的人参与才有意义。更重要的是，体育活动不但需要智慧和力量，而且需要胆量。这胆量正是人际交往所必需的一种要素。孩子一旦爱上体育，就会主动寻找对手，这种寻找就是交际。合适的对手往往就是具有深厚友谊的伙伴，多与之交往有利于提高孩子的交际能力。

　　第三，鼓励孩子带同学回家。父母要鼓励孩子带同学回家，并且帮助孩子热心地招待他的同学，提高孩子在同学中的形象。父母的热情会让孩子的同学增加对孩子的好感，从而愿意与孩子保持良好的朋友关系。父母也可以邀请邻家孩子来家玩，让自己的孩子在与他人的交往中增加信心，学习人际交往的方法。值得注意的是，父母应允许孩子结交一些年龄不同、性格不同或特长不同的朋友。例如，孩子结交了在写作、绘画或音乐上有特长的朋友后，就等于找到了一位好老师，孩子在这方面的才能也会得到相应的提高，与不同类型的人打交道的能力也会不断提高。让孩子独自到同学或邻居家串门，也是一个锻炼孩子交际能力的机会。串门做客，牵涉到寒暄、问候、交谈和有关礼物等问题。孩子一个人去就成了主角，与对方的一切接触都得由自己来应酬，这无疑把孩子推到了前线，促使其考虑如何交际。家里来了客人，父母不妨让孩子出面接待。特别是当客人或朋友与孩子年龄相仿时，父母千万不要包办代替。

第四，教给孩子一些交往技巧。随着时代的发展，现在的孩子非常讲究个性，要想与之保持良好的关系也需要一定的技巧。父母可以教给孩子一些交往的技巧，帮助孩子赢得同学的友谊。

08 任性的孩子是不受欢迎的

6岁的阳阳平时挺听话的，可是有一天却一直不停歇地闹到了午夜，才在极度的疲倦中睡了过去。

阳阳那天约了一个小朋友到家里玩。阳阳拿出自己的所有玩具来招待小朋友。最初，两个孩子玩得挺愉快的。

可是，即将结束游戏的时候，那个小朋友忽然从包里取出一辆遥控小汽车。小汽车顶上亮着红灯，闪啊闪的。阳阳一见就眼馋了："给我玩，给我玩！"

"好，就玩一下，"小朋友倒也大方，"玩一下，我就要回家吃饭了。"

阳阳好奇地拿起小汽车，上上下下翻看了一番，然后用遥控器指挥着它，在房间里绕起了圈子。绕了两圈，小朋友就把车收回包里，坚决地回家了。阳阳留不住小朋友，只好任由他离去。

"妈妈，我要小汽车。"小朋友走后，阳阳向妈妈提出了要求。

"好，"阳阳妈妈满口答应，"明天去买，今天商店关门了。"

"不，我要小汽车，我现在就要。"阳阳坐到地上，哭叫起来。

"你这孩子，怎么这么不听话。"阳阳妈妈急了，一把拉起阳阳，"都答应你了，你还想怎么样？"

"我就要小汽车！"阳阳说什么也不听，哭着闹着让妈妈马上给他买。

"唉，这孩子怎么变得这么任性！"阳阳妈妈悄悄地叹口气，"快去睡吧，明天就去买。"

然而，阳阳却一直没有安静下来，反反复复地重复着那句话："我要小汽车。"结果，他连晚饭也没吃，一直闹到累了才睡觉。

心理分析

世上的父母没有不疼爱自己孩子的。正因为疼爱，就容易迁就孩子，或者一概不管，一切都惯着孩子。如此下去，就很容易造成孩子的任性。一旦孩子长大了，这种任性的坏习惯也就根深蒂固了，也就根本无法管教了。这样的悲剧，古往今来屡见不鲜。

其实，在教育孩子时，父母从小就要告诉孩子：一旦一件事情决定了，开始做了，就一定要有始有终，绝不允许半途而废。如果孩子无故中途退却，做一半就撒手不管了，父母就应该让孩子受到批评，不可迁就。这是因为，有了第一次迁就，就会有第二次、第三次迁就……

有些父母在孩子的纠缠或要求下，勉为其难地答应："只允许这一次，下不为例。"或者："好吧！好吧！下次可不准了。"这实际上就是对孩子五分钟热度或坏习惯的让步，会造成孩子的任性。道理很简单，人多半是怕困难，贪图安逸的。大人尚且如是，孩子更是如此。很多孩子样样事情开个头，图一个新鲜；一旦失去了新鲜感，而遇到了困难，需要耐心和顽强时，就退却了。在孩子想撤退的时候，如果父母在孩子的要求下迁就让步，事情就真正变糟了。父母不敢严格要求孩子，听任孩子养成各种恶习。这个闸门一开，洪水就泄下来了。今天可以让步，孩子明天在新的事件上又会要求父母做新的让步。长此以往，父母即使想坚持、想严格也更加困难了。先例一开，再想要孩子遵守规定或制度，或者要求孩子克服困难，把一件事情做得有始有终，就很不现实了。

所以，"孩子难管，父母难做"已成为当今又一个时代病。许多父母抱怨孩子太任性，挑吃挑穿，稍不称心，就发脾气，又哭又闹，不达目的誓不罢休，弄得父母束手无策。遇到这种情况，父母究竟应该怎么办呢？很多父母都在寻求答案，可即便找到答案了，似乎也没有得到什么好的改善。

如果从心理学的角度上看，任性是孩子意志薄弱、缺乏自控能力的表现。面对孩子的这种心理，父母要尤其注意。孩子的任性如果得不到及时矫正，必将对孩子以后的学习、生活、工作等方方面面造成严重的影响。

孩子的任性往往会让父母头痛不已，甚至不知如何是好。可是，面对孩子的无理取闹，有些父母总会控制不住自己的冲动，什么也不问，就先劈头盖脸一顿大骂。孩子很有可能被父母的粗暴言行给吓住，暂时消停了几天。但是，没过几天，你会发现孩子依然任性如故。由此看来，在孩子任性的这个问题上，父母绝对不可以草率处理，而应该采取一些科学有效的办法。

父母这样做

第一，实行冷处理教育法。所谓冷处理教育法，就是让孩子冷静下来后再进行教育。其实，孩子的固执任性往往是为了引起父母的不安。孩子心里很清楚，父母是疼爱他的，只要一哭一闹就会迫使父母满足自己的要求。因此，只要父母迁就一次，孩子下次就会变本加厉。一旦孩子形成了"看你也拧不过我"的意识，孩子的拧脾气就不容易矫正了。必须承认，孩子是会察言观色的。当孩子看到父母态度坚决，自己的哭闹不起作用时，孩子往往会自动放弃无理要求，并主动亲近父母。这时，父母要抓住时机，对孩子进行启发教育，告诉孩子"为什么是不对的"和

"怎样做才是对的",并针对"拧"的原因提出几条具体要求。当孩子能实现这几条要求时,就可以适当满足他的某种合理要求。当孩子感到哭闹等"武器"已经不灵时,他自然会停止哭闹。这时再进行说服工作,教育效果可能会更好。如果父母在孩子哭闹发"拧脾气"时进行粗暴的打骂,反而会使孩子也具有暴力倾向,进入一种恶性循环。

第二,对孩子的要求要有一定的原则。从孩子出生起,在原则问题上,父母就要对孩子的行为用"要与不要""好与不好""可不可以"加以肯定或否定,不能含糊,更不能随意变动。如此一来,孩子就会知道怎么样是可以的,怎么样是不可以的。时间长了,孩子也就养成了遵循基本行为准则的好习惯。

第三,预防孩子任性的发作。如果细心观察孩子,就会发现孩子的任性发作是有规律的,总是在某种情况下才会出现固执行为。对此,父母一定要心中有数。当可能诱发孩子任性的条件将要出现时,父母必须预先做好防范工作。这个方法看起来更像是在考验父母的细心。如果父母对孩子的观察不够仔细的话,自然会放过各种细节。事实证明,抓住时机预防孩子任性是切实可行的。在这方面,父母必须力争主动,才能事半功倍。

第四,父母不要打骂孩子。孩子任性,确实令父母生气。特别是当着亲戚朋友的面,或大庭广众之下,孩子任性常常让父母觉得很丢面子。这时候,很多父母就发起火来,想强迫孩子听话。结果,孩子往往也不示弱,被逼无奈的父母只好打骂孩子。这样一来,父母不仅没挽回面子,反而让大家看到自已教子无方。事实上,父母在孩子任性时发脾气,企图用打骂来制服孩子,不仅效果极差,而且还可能导致孩子更加任性。其实,父母要知道,孩子的心灵原本是非常单纯的,有时候之所以无理取闹,仅仅是为了获得父母的一丝关注,或者证明一些事情。所以，父母不妨抓住这个特点，多关注孩子的内心感受，换位思考，将心比心，用恰当的方式给予孩子正面的引导，让孩子学会正确表达，学会分辨是非，学会遵守原则，彻底告别任性的毛病。